by Ethel Huang

ENGLISH NAMES FOR YOU

LEARNING PUBLISHING CO., LTD.

　　看英文名字的涵意和來源，能對西方文化有更多認識！國內這方面的書很少，本書期望能負起編輯整理之責，對國內流行文化出版界作微薄的貢獻！

　　為自己取一個動聽的英文名字之前，先了解名字的來龍去脈與意義，才不致錯失「好」名字，選中一個「尷尬」的名字。**擁有一個美麗、瀟灑或可愛的名字**，也許能為您本人的生活情趣增色不少呢！這是人類自有命名以來，無時無刻存在自然界與人類生活間的一種**文字之趣**。

　　Donna（唐娜）是貴婦人，*Gill*（姬兒）是少女，*Iris*（艾莉絲）是彩虹女神，*Julia*（朱麗亞）的頭髮很柔軟，*Paula*（寶拉）的身材很嬌小……而妳則屬於哪一型？哪種女性呢？英俊的男性可以叫 *Alan*（亞倫），*David*（大衛）是心所愛的人，*Donald*（唐納德）是世界領袖，*Beau*（比優）是花花公子。還有，*Reagan*（雷根）有帝王的意思，但是 *Carter*（卡特）卻是駕馬車的人，意義差別頗大！

　　由於英文語彙來自**拉丁語**和**希臘語**，所以，英文名字也

相仿，很多是拉丁語和希臘語，例如 Diana（黛安娜）、Venus
（維納斯）、Delia（黛麗雅）、Sylvia（西維亞）、Athena
（雅典娜）、Cynthia（辛西亞）……這些名字都是。而您
一定聽過 *Alexander*（**亞歷山大**）吧？這便是一個最響叮噹
的希臘名字了，很多西方歷代帝王都取此名！

　　除了第一章「英文名字的涵意和來源」外，第二章「最
流行的英文名字排行榜」乃一科學統計西方文化現階段所展
現的流行現象，值得讀者作為參考。而「全球重要人物的英
文名字」一章，當您閱讀英文書報或讀書研究之時可派上用
場。最後，本書內頁並附以格言名句，以期更增一本書的精
神價值。在感性中學英文，認識西方文化。

　　對一個現代人來說，有一個得體的英文名字，無論**出國
旅遊、留學、定居、商務洽談、上英文課**……都很方便。好
名字，給外國朋友美好的印象、深刻的記憶，自在地雲走天
下遨遊各國，的確不錯！

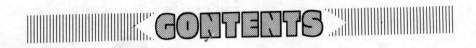

CHAPTER 1

英文名字
的涵意與來源

女/性/英/文/名/字/

A

Abigail〔ˈæbɪ͵gel, ˈæbɪgḷ〕愛比嘉

來源：希伯來和阿拉伯

涵意：" *My father is joy.* "我父親很高興。

同義字：Abby

縮寫：Abbe, Nabal, Gail

Ada〔ˈedə〕艾達

來源：英國

涵意：" *noble birth* "出生高貴（拉丁）；" *happy* "快樂的
（德）；" *beauty* "美麗（希伯來）。這個名字在埃及、希
臘、大不列顛諸國都很流行。Ada 可視爲 Adelaide 或
Edith 的暱稱，但也可視爲一個獨立的名字。

Adela〔ˈædḷə〕愛德拉

來源：德國

涵意：" *of noble birth* "出生高貴的；" *gentle* "優雅的。

Adelaide〔ˈædḷ͵ed〕艾妲萊德

來源：德國

涵意：" *noble* "高貴的；" *of noble rank* "高尚階級的。

同義字：Adele, Elsie, Ilsa, Ethel

Agatha〔ˈægəθə〕艾葛莎

來源：希臘

涵意："*good and kind*"善良而親切的。
同義字：Aggie

Agnes〔′ægnɪs〕愛格妮絲
來源：希臘和拉丁
涵意："*purity and chastity*"純潔和貞節。
同義字：Neysa, Nessie, Nesta, Annis, Annice, Agneta

Alberta〔æl′bɜtə〕艾柏蒂
來源：英國
涵意："*noble and brilliant*"高貴而顯赫的。
同義字：Albertine, Elberta
縮寫：Alta.

Alice〔′ælɪs〕愛麗絲
來源：希臘
涵意："*truthful*"誠實的。
同義字：Alicia, Alyse, Elsie（縮寫）

Alma〔′ælmə〕艾瑪
來源：拉丁
涵意："*bountiful, loving, kind*"慷慨的、有眞情的、和善的。

Althea〔æl′θiə〕奧瑟雅
來源：希臘
涵意："*a good omen*"好預兆。

Amanda〔ə′mændə〕艾曼達
來源：拉丁
涵意："*worthy to be loved*"值得愛的。

同義字：Amalea，Amalia，Amadee（以上爲歐洲使用）

暱稱：Mandy，Manda

Amelia〔ə'miljə〕艾蜜莉雅

來源：拉丁

涵意：" *industrious or laboring* "勤勉的或從事於勞動的。

暱稱：Millie，Milly

Amy〔'emɪ〕艾咪

來源：拉丁，法國

涵意：" *the beloved* "最心愛的人。

同義字：Aimee，Ami，Amie

Anastasia〔͵ænə'stezjə，͵ɑnə'stɑʃə〕阿娜絲塔夏

來源：希臘

涵意：" *one who shall rise again* "會再度振作起來之人。

同義字：Anstice，Anstyce，Stacie，Stacy，Anty，

　　　　Nastenka（俄）

Andrea〔'ændrɪə〕安德莉亞

來源：希臘

涵意：女性化，美麗而優雅；此字是Andrew這個字的女性名字

　　　形式。

同義字：Andreana（義），Andrée（法）

Angela〔'ændʒələ〕安琪拉

來源：法國

涵意：" *an angel* "天使（拉丁）；" *a messenger* "報信者

　　　（希臘）。

暱稱：Angie，Angelina

Ann〔æn〕安妮
來源：希伯來
涵意：" *grace* " 優雅的。
同義字： Anita , Nan , Nancy , Nanine , Annette , Anna , Hanita , Hannah , Chanah , Anne

Annabelle〔,ænə'bɛlə〕安娜貝勒
來源：希伯來或拉丁
涵意：" *Anna, the beautiful* " 安娜，美麗的女子；
　　　" *lovable , amiable* " 可愛的；和藹可親的。

Antonia〔æn'tonɪə〕安東妮亞
來源：拉丁，希臘
涵意：" *beyond praise or of high esteem* " 無辭以讚，備受
　　　尊崇的人。Antonia 爲 Anthony 的女性名字形式。
暱稱或同義字： Toni , Tonia , Nettie, Antonetta , Tony , Antonie , Toinette , Antoinette

April〔'eprəl〕艾裴莉
來源：拉丁
涵意：" *the time when earth open up for spring* " 表示春
　　　天，大地初醒之時。春天出生的女孩，常取這個名字。

Arabela〔'ærə,bɛlə〕阿勒貝拉
來源：拉丁
涵意：" *beautiful altar* " 美麗的祭壇（西班牙）。

Arlene〔ɑr'lin〕艾蓮娜
來源：蓋爾

涵意：" *a pledge* " 誓約、信物。
同義字：Arline, Arleyne, Arleta, Erline（德）, Arlen

Astrid〔'æstrɪd〕艾絲翠
來源：丹麥
涵意：" *divine strength* " 神聖的力量；而在希臘有 " *star* " 星星的涵意。
同義字：Asta（挪威）

Atalanta〔ˌætḷ'æntə〕艾特蘭塔
來源：希臘
涵意：跑得很快的美麗少女。

Athena〔ə'θinə〕雅典娜
來源：希臘
涵意：希臘神話中，智慧、技藝及戰爭的女神。

Audrey〔'ɔdrɪ〕奧德莉
來源：英國
涵意：" *the noble* " 高貴的人。

Aurora〔ɔ'rorə,ɔ'rɔrə〕奧蘿拉
來源：拉丁
涵意：" *down* " 代表黎明。
同義字：Aurore（法、德）。Zora, Zorana（斯拉夫）

ℬ

Barbara〔'bɑrbərə,-brə〕芭芭拉
來源：希臘

涵意：" *foreigner* "外地來的人，異鄉人；" *barbarian* "異
　　　族人。
暱稱：Barbette，Babette，Bab，Babs

Beatrice〔ˊbiətrıs〕碧翠斯
來源：拉丁
涵意：" *she who blesses or makes happy* "爲他人祈福或使
　　　他人快樂的女孩。
同義字：Beatrix
暱稱：Trixie，Trix，Bea，Bee，Trissie

Belinda〔bəˊlındə〕碧琳達
來源：德國、義大利
涵意：" *like a serpent* "像條蛇。此處蛇代表古時候既有智
　　　慧又長壽的人。
暱稱：Linda，這個字現在很流行。

Belle〔bel〕貝拉
來源：法國
涵意：" *beautiful one* "美麗的人；" *God's oath* "上帝的誓
　　　約；" *nobly bright* "聰明得很高貴。
同義字：Bela，Bella

Bernice〔ˊbɜnıs，bəˊnis〕貝妮絲
來源：希臘
涵意：" *a bringer of victory* "帶著勝利訊息來的人。
同義字：Berenice，Berenike

Bertha〔ˊbɜθə〕貝莎
來源：條頓

涵意：" *the bright, beautiful, or glorious* "聰明、美麗或光榮者。

同義字：Berta（Berta是Albert 的女性名字形式）

Beryl〔ˈbɛrəl, -ɪl〕白麗兒

來源：希臘

涵意：a jewel's name，原意綠寶石，代表幸運。

Bess〔bɛs〕貝絲

來源：希伯來

涵意：" *God is oath* "上帝就是誓約。

同義字：Elizabeth

Betsy〔ˈbɛtsɪ〕貝琪

來源：希伯來

涵意：" *God is oath* "上帝就是誓約。

同義字：Elizabeth

Betty〔ˈbɛtɪ〕貝蒂

來源：希伯來

涵意：" *God is oath* "上帝就是誓約。

同義字：Elizabeth

Beulah〔ˈbjulə〕比萊

來源：希伯來

涵意：" *married* "已結婚的。

Beverly〔ˈbɛvəlɪ〕比茉莉

來源：英國

涵意：有海狸（ *beaver* ）的小河。

同義字：Beverley

Blanche〔blɑntʃ〕布蘭姬

來源：條頓

涵意：" *pure and unsullied* " 純潔而無瑕的 ；" *white* " 白
　　種人的 ；" *fair* " 白髮碧眼白皮膚的 。

同義字：Bianca（義）

Blythe〔blaɪð〕布萊茲

來源：英國

涵意：" *blithe* " 無憂無慮的 ；" *joyous* " 快樂的 。

Bonnie〔'bɑnɪ〕邦妮

來源：拉丁

涵意：" *sweet，fair，graceful，and good* " 甜美、漂亮、
　　優雅而善良的 。

Brenda〔'brɛndə〕布倫黛

來源：蓋爾

涵意：" *a firebrand* " 煽動者、挑撥者 ；" *a sword* " 劍 ；
　　另外也有" *dark-haired* " 黑頭髮的涵意 。此字的男性英
　　文名字形式是 Brand 。

Bridget〔'brɪdʒɪt〕布麗姬特

來源：蓋爾或愛爾蘭

涵意：" *the strong* " 強壯的人 。

暱稱：Biddy

Brook〔brʊk〕布魯克

來源：英國

涵意：" *a dweller by the stream* " 傍溪而居之人 。這個名字
　　男女通用 。

同義字：Brooks，Brooke

在白天炫耀的日光裏，我們不能看見自己所處世界以外的事物。

𝒞

Camille 〔 kə'mil 〕 **卡蜜拉**

來源：拉丁

涵意："*a noble maiden of fine character*"好品性的高貴女子。

同義字：Camilla

Candace 〔 'kændɪs, kæn'desi 〕 **坎達絲**

來源：拉丁

涵意："*candid or pure*"坦誠或純潔的。

同義字：Candis, Candice

暱稱：Candy

Candice 〔 'kændɪs, 'kændəsɪ 〕 **坎達絲**

來源：拉丁

涵意："*candid or pure*"坦誠或純潔的。

Cara 〔 'kærə 〕 **卡拉**

來源：義大利

涵意：Cara 是一個暱稱字。"*friend*"朋友；"*dear one*"親愛的人。

Carol 〔 'kærəl 〕 **卡洛**

來源：法國

涵意："*to sing joyfully or melodiously*"歡唱或唱得十分悅耳。此字男女通用。

同義字：Carroll

Caroline〔ˈkærəˌlaın〕卡洛琳

來源：條頓

涵意：" *valiant, virile, and strong* "驍勇、剛健和强壯的。

同義字：Carline, Carolyna, Carroll, Caryl, Carolyn

Catherine〔ˈkæθərın〕凱薩琳

來源：希臘

涵意：" *the pure* "純潔的人。

同義字：Kathleen（愛爾蘭）, Katherine（這是最早的寫
　　　　法）, Cathy, Kat, Kit, Kitty（以上四字爲其暱
　　　　稱）。

Cathy〔ˈkæθı〕凱絲

來源：希臘

涵意：" *the pure* "純潔的人。Cathy 是 Catherine 的暱稱。

Cecilia〔sıˈsıljə〕西西莉亞

來源：拉丁

涵意：" *the dimsighted* "視力朦朧的人。此字的男性名字形
　　　式是 Cecil。

縮寫：Celia, Cecily

暱稱：Cis, Cissie, Sis

Celeste〔səˈlɛst〕莎莉絲特

來源：拉丁

涵意：" *the heavenly* "最幸福的人。

同義字：Celia（法）, Celestine

Charlotte〔ˈʃɑrlət〕夏綠蒂

來源：法國

涵意:" *strong and womanly* "身體強健但很女性化的。此字
的男性名字形式是 Charles（條頓）。

同義字：Charleen

暱稱：Lottie, Tottie, Chattie

Cherry〔'tʃɛrɪ〕綺麗

來源：法國

涵意：指像櫻桃般紅潤的人。

Cheryl〔'ʃɛrəl〕綺兒

來源：法國

涵意：" *the cherished one* "珍愛的人。

同義字：Sheryl

Chloe〔'kloɪ〕克樂怡

來源：希臘

涵意：" *blooming* "青春的，美麗的。這個名字在美國南部很
盛行。

Christine〔krɪs'tin〕克莉絲汀

來源：希臘

涵意：" *one who is a follower of Christ* "基督的追隨者，
門徒。

同義字：Christina

暱稱：Tina, Xina, Tiny

Claire〔klɛr〕克萊兒

來源：拉丁

涵意：" *clear* "明亮的；" *bright* "聰明的。

Clara〔ˈklɛrə〕克萊拉

來源：拉丁

涵意：" *clear* " 明亮的；" *bright* " 聰明的。此字的男性名字
　　　形式是 Clarence 。

同義字： Claire , Clarissa

Clementine〔ˈklɛmən,tin,-,taɪn〕克萊曼婷

來源：拉丁

涵意：" *the kind and merciful* " 溫和且仁慈的人 。

同義字： Clemence

Constance〔ˈkɑnstəns〕康絲登斯

來源：拉丁

涵意：" *the firm or constant* " 堅定的人或恒久忠實的人 。

暱稱： Con , Connie

Cora〔ˈkɔrə〕柯拉

來源：希臘

涵意：" *maiden* " 處女 。

同義字： Corinne （法）

Coral〔ˈkɑrəl〕柯洛

來源：希臘，拉丁

涵意：表示一種珊瑚或贈品 。

Cornelia〔kɔrˈniljə〕可妮莉亞

來源：希臘

涵意：" *the cornel tree* " 山茱萸樹。此字的男性英文名字形
　　　式是 Cornelius 。

Crystal 〔'krɪstḷ〕克莉絲多

來源：希臘

涵意：" *clear ice* "很乾淨的冰。比喻像冰一般透明的靈魂，沒有欺瞞。

Cynthia 〔'sɪnθɪə〕辛西亞

來源：希臘

涵意：" *the title of the moon goddess Diana* "月亮女神黛安娜的稱號。

暱稱：Cindy

𝒟

Daisy 〔'dezɪ〕黛西

來源：英國

涵意：原意雛菊。

Dale 〔del〕黛爾

來源：英國

涵意：" *a dweller in a vale or valley between hills* "居住在丘陵間之山谷中者。

Dana 〔'denə〕黛娜

來源：希伯來

涵意：" *mother of the gods* "神的母親；" *bright and pure* "聰明且純潔的。

Daphne 〔'dæfnɪ〕黛芙妮

來源：希臘神話

涵意：" *Bay tree or laurel* "月桂樹。

Darlene〔dɑr′lin〕達蓮娜
來源：英國
涵意："*darling*"親愛的人；"*tenderly beloved*"體貼地
　　　愛。
同義字：Daryl

Dawn〔dɔn〕黛恩
來源：英國
涵意："*awakening*"喚醒，振作。
同義字：Aurora

Debby〔′dɛbɪ〕黛碧
來源：希伯來
涵意："*a bee*"蜜蜂；"*queen bee*"蜂王。在埃及，這種蜂
　　　被認爲可預知未來，代表（女）王的權力。Debby是
　　　Deborah的暱稱。

Deborah〔′dɛbərə〕黛博拉
來源：希伯來
涵意："*a bee*"蜜蜂；"*queen bee*"蜂王。在埃及，這種蜂
　　　被認爲可預知未來，代表（女）王的權力。
同義字：Debra（這種拼法愈來愈流行了），而Deborah的暱
　　　稱是Debby
暱稱：Deb, Debbie

Deirdre〔′dɪrdrɪ〕狄德莉
來源：蓋爾
涵意："*sorrow*"憂愁的。
暱稱：Dedee, Dee, Dorcas

Delia〔ˊdiljə,-lɪə〕**黛麗雅**
來源：希臘
涵意：" *a shepherdess* "牧羊女"。

Denise〔dəˊniz〕**丹尼絲**
來源：希臘
涵意：代表花。此字的男性名字形式是Denis。
同義字：Denna, Dennette, Denice

Diana〔daɪˊænə〕**黛安娜**
來源：拉丁
涵意：" *bright as day* "光亮如白晝。指" *moon goddess* "月
　　　亮女神(羅馬神話)。
同義字：Diane

Dinah〔ˊdaɪnə〕**汀娜**
來源：希伯來
涵意：" *the judged* "被評判的人。
同義字：Dina

Dolores〔dəˊlorɪs〕**多洛莉絲**
來源：拉丁
涵意：" *grief* "or" *pain* "悲傷或苦痛。

Dominic〔ˊdɑmənɪk〕**多明妮卡**
來源：拉丁
涵意：" *belonging to the Lord* "屬於上帝。

Donna〔ˊdɑnə〕**唐娜**
來源：拉丁
涵意：" *lady* "貴婦，淑女

Dora〔'dɔrə,'dorə〕**多拉**

來源：希臘

涵意：" *god's gift* " 神的贈禮。也有人稱它爲 Dorothy 的暱
　　　稱。

Doreen〔'dorin,'dor-〕**多琳**

來源：希臘

涵意：" *god's gift* " 神的贈禮。

暱稱：Doreen 是 Dara 的暱稱

Doris〔'dɔrɪs,'dorɪs〕**多莉絲**

來源：希臘

涵意：來自大海的。神話中，Doris 是海洋女神。

同義字：Dorris

Dorothy〔'dɑrəθɪ,'dor-〕**桃樂西**

來源：希臘

涵意：" *god's gift* " 上帝的贈禮。

同義字：Theda, Dortha, Feodora, Dorinda, Dotty, Dolly

E

Eartha〔'ɝθɑ〕**依爾莎**

來源：英國

涵意：" *the ground or the earth* " 土地或泥土。比喻像大
　　　地般堅忍的人。

同義字：Erda, Erta

Eden〔'idn̩〕**伊甸**

來源：希伯來

涵意：原意是指聖經中的樂園，引申爲" *a place of delight* "
歡樂之地。

◆ **Edith**〔'idιθ〕**伊蒂絲**

來源：古英國

涵意：" *combat* "格鬥；" *war* "戰爭。

Edwina〔εd'winə〕**伊德雯娜**

來源：英國

涵意：" *a valuable friend* "有價值的朋友。" *the gainer of
property* "財產的獲得者。此字的男性名字形式是
Edwin。

暱稱：Win , Winnie

Eileen〔'aιlin〕**愛琳**

來源：蓋爾

涵意：" *light* "光亮的。

同義字：Aileen

Elaine〔ι'len, ə'len〕**伊蓮**

來源：法國

涵意：" *light* "光亮的；" *a young fawn* "一隻年幼的小鹿
（威爾斯）。

同義字：Elayne , Elain

Eleanore〔'εlənə, 'εlɪnə〕**伊琳諾**

來源：法國

涵意：" *light* "光亮的；" *fruitful* "多產的，肥沃的，有收
穫的。

同義字：Eleanor

Elizabeth〔ɪˈlɪzəbəθ〕伊莉莎白

來源：希伯來

涵意：" *God is oath* "上帝就是誓約。

同義字：Elspeth，Eliza，Elise，Lizzie，Lisa，Liz，Libbey，
　　　　Betsey，Bettina，Bess，Beth，Betsy，Betty（此
　　　　字也可視爲暱稱）

Ella〔ˈɛlə〕葉拉

來源：條頓

涵意：" *a torch* "火炬"。Ella 是 Eleanor 的暱稱。

Ellen〔ˈɛlən, -ɪn〕愛倫

來源：希臘、拉丁

涵意：" *torch* "火把。

同義字：Helen

Elma〔ˈɛlmə〕艾瑪

來源：希臘

涵意：對朋友深富同情心及愛的人。

Elsa〔ˈɛlsə〕葉莎

來源：希臘

涵意：" *truthful* "誠實的。這個名字在西班牙和瑞典非常流
　　　行。

Elsie〔ˈɛlsɪ〕愛喜

來源：希伯來，希臘

涵意：" *God is oath* "上帝就是誓約，Elsie 是 Elizabeth 的
　　　暱稱和同義字；" *truthful* "誠實的，另外 Elsie 也可
　　　當作是 Alice 的暱稱。

Elva〔'ɛlvə〕艾娃
來源：古代斯堪的那維亞
涵意："*supernatural and wise*" 神奇且智慧的。

Elvira〔ɛl'vaɪrə〕艾維拉
來源：拉丁
涵意："*white*" or "*fair*" 白種人的或金髮白皮膚的。
同義字：Elvera

Emily〔'ɛmɪlɪ〕艾蜜莉
來源：條頓，拉丁
涵意："*industrious*" 勤勉奮發的；"*one with a golden voice*" 有一口響亮圓潤的嗓音之人；"*a flatterer*" 拍馬屁的人。

Emma〔'ɛmə〕艾瑪
來源：條頓
涵意："*ancestress*"（女性的）祖先。
同義字：Ymma，Imma，Eme
暱稱：Emmie

Enid〔'inɪd〕安妮德
來源：塞爾特人
涵意："*spotless purity*" 純潔得毫無瑕疵。這是一個很受讚美與尊崇的名字。

Erica〔'ɛrɪkə〕伊麗卡
來源：條頓
涵意："*ever powerful*" 永遠有權力的；"*regal*" 似帝王的。此字的男性名字形式是 Eric。

Erin〔'ɛrɪn, 'ɪrɪn〕俄琳

來源：蓋爾

涵意："*an emerald set in the bosom of the sea*"一顆翡
翠鑲在海的中央；"*peace*"和平，安寧之源（愛爾蘭）。

Esther〔'ɛstə〕艾絲特

來源：希伯來

涵意："*star*"星星。

同義字：Stella（拉丁），Ishtar（波斯）

Ethel〔'ɛθəl〕愛瑟兒

來源：英國

涵意：表示出身高貴的。

Eudora〔ju'dɔrə〕尤朵拉

來源：希臘

涵意："*good, pleasant, or delightful gift*"美好的、愉快
的，或可愛的贈禮。

Eunice〔'junɪs〕尤妮絲

來源：希臘

涵意："*happy victory*"快樂的勝利。

Eve〔iv〕伊芙

來源：希伯來

涵意："*life*"生命。Eve是一個古老的名字，猶如人類歷史一
樣長久的名字。比喻所有生靈之母，賦予生命者。

同義字：Evar，Evara，Everina，Everyl，Eva

Evangeline〔ɪˈvændʒəˌlin, -lɪn, -ˌlaɪn〕**伊文綺琳**

來源：希臘

涵意："*bearer of an evangel, or good tidings*"福音的信差，或福音；"*angel*"天使。

Evelyn〔ˈivlɪn〕**伊芙絲**

來源：塞爾特

涵意："*life*"生命；"*the pleasant or agreeable*"易相處的人或愉快的人。

F

Faith〔feθ〕**費滋**

來源：拉丁

涵意："*the faithful*"忠實的人，可信的人。

暱稱：Fay

Fanny〔ˈfænɪ〕**芬妮**

來源：法國

涵意："*the free*"自由之人。Fanny 是 Frances 的暱稱。

Fay〔fe〕**費埃**

來源：法國

涵意："*fidelity or faith*"忠貞或忠誠；"*fairy*"小仙女。

同義字：Faye

Flora〔ˈflorə, ˈflɔrə〕**弗羅拉**

來源：拉丁

涵意："*a flower*"一朵花；"*the goddess of flowers*"花之女神。

Freda〔ˈfridə〕**弗麗達**

來源：古德國

涵意：" *peace* "和平；" *ruler* "領導者。

Florence〔ˈflɔrəns, ˈflɑr-〕**弗羅倫絲**

來源：塞爾特

涵意：" *flowering or blooming* "開花的或美麗的。

同義字：Floris，Florene，Flo

Frances〔ˈfrænsɪs〕**法蘭西絲**

來源：法國

涵意：" *the free* "自由之人，無拘束的人。此字的男性名字
形式是 Frank。

同義字：Francine，Fran，Fannie，Fanny（以上三個字爲暱
稱）

Frederica〔ˌfrɛdəˈrikə〕**菲翠卡**

來源：條頓

涵意：" *peaceful ruler* "和平的領導者。源於條頓女神 Freya
的名字。

𝒢

Gabrielle〔ˌgebrɪˈɛl〕**佳比里拉**

來源：希伯來

涵意：" *God is mighty* "上帝就是力量。

Gail〔gel〕**佳爾**

來源：英國

涵意：" *to sing* "唱歌（挪威）；" *a stranger* "（愛爾蘭）；
" *a ravine* "狹谷（斯堪的那維亞）。

Gemma〔'dʒɛmə〕姬瑪
來源：義大利
涵意：" *gem* "寶石。

Genevieve〔ˌdʒɛnə'viv〕珍妮芙
來源：古威爾斯
涵意：" *the fair one* "金髮碧眼的人；" *the white* "白種人。
同義字：Guen, Gwynne, Gwendolen, Jennifer, Guinevere,
　　　　Gwen（其中 Gwen 是塞爾特人的愛之女神維納斯）

Georgia〔'dʒɔrdʒə, -dʒjə〕喬治亞
來源：希臘
涵意：" *farmer* "農夫。此字的男性名字形式是 George。
同義字：Georgette, Georgiana

Geraldine〔'dʒɛrəldin〕嬌拉汀
來源：古德國
涵意：強而有力的長矛。此字的男性名字形式是 Gerald。

Gill〔gɪl〕姬兒
來源：拉丁
涵意：" *girl* "少女。

Giselle〔ʒi'zɛl〕吉榭爾
來源：條頓
涵意：" *a sword* "一把劍。
同義字：Gisella

Gladys〔'glædɪs〕葛萊蒂絲
來源：威爾斯
涵意：" *princess* "公主。

Gloria 〔 ′glorɪə , ′glɔr- 〕**葛羅瑞亞**
來源：拉丁
涵意：" *the glorious* " 榮耀者，光榮者 。
同義字：Gloriana

Grace 〔 gres 〕**葛瑞絲**
來源：中世紀英國，古法國，拉丁
涵意：" *grace* " 優雅的 。

Griselda 〔 grɪ′zɛldə 〕**葛莉謝達**
來源：德國
涵意：在義大利的傳奇中，Griselda 是指對丈夫極順從和忍耐
　　　的女人 。

Gustave 〔 gjʊs′tɑv 〕**佳絲塔芙**
來源：德國，瑞典
涵意：" *war* " 戰爭 。

Gwendolyn 〔 ′gwɛndəlɪn 〕**關德琳**
來源：塞爾特
涵意：" *white-browed* " 白色眉毛的 。
同義字：Gwen
暱稱：Wendy

H

Hannah 〔 ′hænə 〕**漢娜**
來源：希伯來
涵意：" *grace* " 優雅的 。
同義字：Anna , Anne , Annie , Nan , Nancy

◆ 能從內心發出陽光的人，會使四周的人們生活得更愉快。

◆ *Happiness comes of the grace to accept life gratefully.*

Harriet〔ˈhærɪət〕哈莉特

來源：法國

涵意："*mistress of the home*"家庭主婦。

同義字：Henrietta

Hazel〔ˈhezḷ〕海柔

來源：古英國

涵意："*commander*"領袖，指揮官。

Heather〔ˈhɛðɚ〕海姿

來源：英國

涵意："*flowering heath*"開花的（灌木）石南。

Hedda〔ˈhɛdə〕海達

來源：德國

涵意："*strife or warfare*"鬥爭或戰鬥。劇作家易卜生有一
部戲劇的女主角叫 Hedda Gabler，此劇非常著名。

Hedy〔ˈhɛdɪ〕海蒂

來源：希臘

涵意：甜蜜，又令人欣賞的。

Helen〔ˈhɛlɪn, -lən〕海倫

來源：希臘，拉丁

涵意："*a torch*"火把；"*light*"光亮的。Helen 這個名字
因特洛伊戰爭曾爭奪美麗的女子海倫，而聲名大噪。詩人
形容美人海倫，說她動如女神，看似女王。

同義字：Helene, Helaine, Nell, Nelly, Ellen, Galina,
Helena, Eleanor, Elaine, Elena

Heloise 〔,hɛlo′iz〕海洛伊絲
來源：法國
涵意："*famous in war*"在戰場上很出名。
同義字：Eloise, Louisa, Louise

Hermosa 〔hɚ′mosə〕何蒙莎
來源：西班牙
涵意：代表美麗。

Hilda 〔′hɪldə〕希爾達
來源：條頓
涵意：女戰士。

Hilary 〔′hɪlərɪ〕希拉瑞
來源：拉丁
涵意："*cheerful*"快樂的。這個名字男女通用。
同義字：Hilaire

Honey 〔′hʌnɪ〕漢妮
來源：英國
涵意："*darling*"親愛的人。

Hulda 〔′hʌldə〕胡達
來源：條頓
涵意：優雅，被大衆深深喜愛的。

I

Ida 〔′aɪdə〕愛達
來源：德國
涵意："*happy, industrious, rich*"快樂的、勤奮的、富有的。

Ina〔'aɪnə〕伊娜

來源：拉丁

涵意：在菲律賓是" *mother* "母親的涵意。現在已獨立成一個
名字，但以往 Ina 是 Rosina 或 Wilhelmina 的暱稱。

Ingrid〔'ɪŋgrɪd〕英格麗

來源：斯堪的那維亞

涵意：可愛的人。

Irene〔aɪ'rin〕艾琳

來源：法國，拉丁

涵意：" *peace* "和平；" *the goddess of peace* "和平女神。

Iris〔'aɪrɪs〕艾莉絲

來源：拉丁

涵意：" *the goddess of rainbow* "彩虹女神。

Irma〔'ɜmə〕艾爾瑪

來源：拉丁，條頓

涵意：" *maid of high degree* "地位很高的女士；" *noble* "高
貴的。

同義字：Irmina

Isabel〔'ɪzə,bɛl〕伊莎蓓

來源：希伯來

涵意：" *oath of God* "上帝的誓約。

同義字：Isabella, Bella, Belle, Ib, Nib, Tibbie, Isa

Ivy〔'aɪvɪ〕艾薇

來源：希臘

涵意：希臘傳說中的神聖食物。

𝒥

Jacqueline 〔ˈdʒækwəlɪn〕賈桂琳
來源：法國
涵意："*May God protect*."願上帝保護。是 Jacob 或 James 的女性名字形式。
暱稱：Jackie

Jamie〔ˈdʒemɪ〕潔咪
來源：拉丁
涵意："*supplanter*"取而代之者。

Jane〔dʒen〕珍
來源：希伯來，法國
涵意："*God is gracious*"上帝是慈悲的；"*girl*"少女。
同義字：Jan, Jeanine, Janie, Gianna, Zane, Zanetta, Janet, Jenny, Jeanne（法）, Joanna, Janice

Janet〔ˈdʒænɪt, dʒəˈnɛt〕珍尼特
來源：希伯來，法國
涵意："*girl*"少女。

Janice〔ˈdʒænɪs〕珍尼絲
來源：希伯來，法國
涵意："*girl*"少女。

Jean〔dʒin〕琴
來源：法國
涵意："*God is gracious*"上帝是慈悲的。Jean 是 Johanna 或 Joan 的法文形式。
同義字：Jeanne, Jeannette

◆ *Life is no straight and easy corridor along which we travel free and unhampered.*

Jennifer 〔ˈdʒɛnɪfə〕珍妮佛
來源：英國
涵意："*enchantress*"施魔法的女人，引申爲妖艷的女人，迷
　　　人的女人。
同義字：Gwen, Jenny

Jenny 〔ˈdʒɛnɪ〕珍妮
來源：希伯來，法國
涵意："*girl*"少女。

Jessie 〔ˈdʒɛsɪ〕傑西
來源：希伯來
涵意："*God's grace*"上帝的恩寵；"*riches*"財富。
同義字：Jessica

Jessica 〔ˈdʒɛsɪkə〕傑西嘉
來源：希伯來
涵意："*God's grace*"上帝的恩寵；"*riches*"財富。

Jill 〔dʒɪl〕姬兒
來源：神話
涵意："*a girl*"少女；"*a sweetheart*"戀人。

Jo 〔dʒo〕喬
來源：蘇格蘭
涵意："*a sweetheart*"戀人。

Joan 〔dʒon〕瓊
來源：法國，神話
涵意："*gracious gift of God*"上帝仁慈的贈禮。

Joanna〔dʒo'ænə〕**瓊安娜**
來源：希伯來
涵意：" *God's gracious gift* " 上帝仁慈的禮物。

Joanne〔dʒo'æn〕**瓊安**
來源：希伯來
涵意：" *God's gracious gift* " 上帝仁慈的禮物。
同義字：Joan，Johanna，Joanna

Jocelyn〔'dʒɑslɪn，'dʒɑsə-〕**賈思琳**
來源：拉丁
涵意：" *merry* " 愉快的；" *joyous* "快樂的（指性情或氣質）。
同義字：Jocelin，Joslyn，Joyce

Jodie〔'dʒodɪ〕**喬蒂**
來源：希伯來
涵意：是希伯來語的 " *Jewess* " 猶太人的女性。表非常文靜；
　　　" *praise* " 讚美。

Josephine〔'dʒozə,fɪn〕**約瑟芬**
來源：希伯來
涵意：比喻多產的女子。
同義字：Fifi，Josie，Josette，Josepha

Joy〔dʒɔɪ〕**喬伊**
來源：拉丁
涵意：" *delight* " 欣喜。

Joyce〔dʒɔɪs〕**喬伊絲**
來源：拉丁

涵意:" *Joyful* "快樂的。
同義字: Joy

Judith〔'dʒudɪθ〕朱蒂絲
來源:希伯來
涵意:" *praise* "讚美;乃希伯來語的" *Jewess* ",猶太女性,
表非常文靜之意。

Judy〔'dʒudɪ〕朱蒂
來源:希伯來
涵意:" *praise* "讚美。

Julia〔'dʒuljə〕朱麗亞
來源:拉丁
涵意:" *soft-haired* "頭髮柔軟的。

Julie〔'dʒulɪ〕朱莉
來源:希臘
涵意:" *soft-haired or downy-faced* "頭髮柔軟的,或有張
柔和平靜臉龐的。Julie 是 Juliet 的暱稱。

Juliet〔'dʒuljət, -lɪət〕朱麗葉
來源:拉丁
涵意:" *soft-haired* "頭髮柔軟的。
同義字: Juliette(法)

June〔dʒun〕朱恩
來源:神話
涵意:六月。

𝒦

Kama〔'kɑmə〕卡瑪
來源：印度
涵意：" *god of love* " 愛之神。

Karen〔'kɑrən〕凱琳
來源：希臘
涵意：" *purity* " 純潔。
同義字：Caren
暱稱：Karen 是 Katherine 的暱稱

Katherine〔'kæθərɪn〕凱薩琳
來源：希臘
涵意：" *the pure* " 純潔的人。
同義字：Kathryn, Catherine（英語系國家）
暱稱：Kate, Katy, Kathy, Kitty

Kay〔ke〕凱伊
來源：英國
涵意：" *the boastful, rude brother of King Arthur* "，
　　　（在圓桌武士故事中）那位愛自誇又粗暴的亞瑟王之兄弟。

Kelly〔'kɛlɪ〕凱莉
來源：蓋爾
涵意：" *a warrior* " 戰士，指女戰士。

Kimberley〔'kɪmbəlɪ〕金柏莉
來源：英國

涵意：" *one born at the royal fortress meadow* " 出生皇家草地上的人。

暱稱：Kim

Kitty 〔'kɪtɪ〕吉蒂

來源：希臘

涵意：" *pure* " 純潔的。

Kristin 〔'krɪstən〕克莉絲汀

來源：希臘

涵意：" *follower of Christ* " 基督的追隨者、門徒。

同義字：Kirsten, Kirstie

𝓛

Laura 〔'lɔrə〕羅拉

來源：拉丁

涵意：" *laurel* " 月桂樹。

同義字：Lorinda

Laurel 〔'lɔrəl, 'lɑr-〕羅瑞爾

來源：拉丁

涵意：" *the laurel tree* " 月桂樹。

同義字：Loren, Lauren, Lori, Lora, Laureen

Lauren 〔'lɔrənt〕羅倫

來源：拉丁

涵意：" *the laurel or bay tree* " 月桂樹。

Lee〔li〕李
來源：英國
涵意：" *meadow* " 草地；" *shelter* " 庇護所 。

Leila〔'lilə〕列拉
來源：阿拉伯
涵意：" *a dark-haired beauty* " 黑髮的美麗女子；
　　　" *a child born at night* " 夜晚出生的小孩 。

Lena〔'linə,'lɛnɑ〕列娜
來源：拉丁
涵意：" *lodging* " 寄宿；" *dwelling* " 寓所 。

Leona〔li'onə〕李奧娜
來源：拉丁
涵意：" *lion* " 獅 。Leona 是 Leo 的女性名字形式 。
同義字：Leonie

Lesley〔'lɛzlɪ〕雷思麗
來源：蓋爾
涵意：" *from the grey fort* " 來自古老的堡壘 。

Letitia〔lɪ'tɪʃɪə〕列娣蒂亞
來源：拉丁，西班牙
涵意：" *joy* " 快樂的 。
同義字：Tish, Letty, Leta

Lilith〔'lɪlɪθ〕李莉絲
來源：希伯來
涵意：" *belonging to the night* " 屬於晚上的 。
同義字：Lilah

Lillian 〔ˈlɪlɪən〕麗蓮

來源：希臘

涵意：" *a lily* "一朵百合花，代表純潔。

同義字：Lilian, Lillis, Lilia, Liliore, Lilas

暱稱：Lily

Linda 〔ˈlɪndə〕琳達

來源：西班牙

涵意：" *the beautiful* "美麗的人。Linda 可視爲 Melinda,
Belinda, Rosalinda 的暱稱。

暱稱：Lynd, Lindy

Lindsay 〔ˈlɪnzɪ, ˈlɪndzɪ〕琳賽

來源：條頓

涵意：" *from the linden tree by the sea* "來自海邊的菩提
樹。

同義字：Lindsey

Lisa 〔ˈlaɪzə, ˈlisə, ˈlizɑ〕麗莎

來源：希伯來

涵意：" *dedicated to God* "對神奉獻。俄國人寫成 Liza。

Liz 〔liʃ〕麗絲

來源：希伯來

涵意：" *God is oath* "上帝就是誓約。

同義字：Elizabeth

Lorraine 〔loˈren, lə-〕洛倫

來源：法國

涵意：本意是" *one who comes from the town of Lorraine* "
　　　來自（法國）洛林小鎮的人。這個名字源自法國有名的戰士
　　　Louis。
同義字：Laraine

Louise〔lu′iz〕**璐薏絲**
來源：條頓
涵意："*famous warrior*"著名的戰士。
同義字：Louisa

Lucy〔′lusɪ,′lɪusɪ〕**露西**
來源：拉丁
涵意：帶來光明和智慧的人。
同義字：Lucille
暱稱：Lulu

Lydia〔′lɪdɪə〕**莉底亞**
來源：英國
涵意：來自里底亞的人，代表財富。
同義字：Lidia
暱稱：Liddy

Lynn〔lɪn〕**琳**
來源：英國
涵意："*dweller by a pool*"傍湖而居者。
同義字：Linn

M

Mabel〔′mebḷ〕**瑪貝爾**
來源：拉丁

涵意：" *the amiable one* " 溫柔的人，和藹可親的人。
同義字：Magbelle

Madeline 〔'mædəlın〕**瑪德琳**
來源：希臘
涵意：偉大而崇高的。
同義字：Maud，Mada，Marlene，Maidel，Madelaine

Madge 〔mædʒ〕**瑪琪**
來源：拉丁
涵意：" *pearl* " 珍珠。是 Margaret 的暱稱。

Maggie 〔'mægɪ〕**瑪姬**
來源：拉丁
涵意：" *pearl* " 珍珠。是 Margaret 的暱稱。

Mamie 〔'memɪ〕**梅蜜**
來源：希伯來
涵意：" *bitterness of rebellion* " 反抗的苦澀；" *lady of the sea* " 海之女。
同義字：Mary

Mandy 〔'mændɪ〕**曼蒂**
來源：拉丁
涵意：" *worthy to be loved* " 值得愛的。
同義字：Mary

Marcia 〔'mɑrʃə〕**瑪西亞**
來源：拉丁

涵意："*goddess of war*"女戰神。Marcia是Mark的女性名
　　　字形式。
同義字：Marcella , Marcie , Marsha , March

Margaret 〔ˈmɑrgrɪt , -gərɪt〕**瑪格麗特**
來源：拉丁
涵意："*pearl*"珍珠。
同義字：Margery , Margot , Marjory , Marguerite（法），
　　　　 Margarete（德）, Margherita（義）, Margarita
　　　　（西班牙）
暱稱：Greta , Medge , Maggie , Marge , Meg , Peg , Peggy

Marguerite 〔ˌmɑrgəˈrit〕**瑪格麗特**
來源：希臘
涵意："*pearl*"珍珠。Marguerite是Margaret的法文形式。

Maria 〔məˈraɪə , -ˈriə〕**瑪麗亞**
來源：希伯來
涵意："*bitterness*"悲痛、苦味。Maria是Mary這個字的法
　　　文形式。而波蘭人則把這個字寫出Marya。
同義字：Marie

Marian 〔ˈmɛrɪən , ˈmærɪən〕**瑪麗安**
來源：希伯來，拉丁
涵意："*grace*"優雅的。源於義大利文Mariana。
同義字：Marion

Marina 〔məˈrinə〕**馬蓮娜**
來源：拉丁
涵意：屬於海洋的。

Marjorie〔'mɑrdʒərɪ〕瑪喬麗
來源：法國
涵意："*a pearl*"一顆珍珠。
同義字：Margery

Martha〔'mɑrθə〕瑪莎
來源：阿拉姆
涵意："*mistress of home*"家庭主婦。

Martina〔mɑr'tinɑ〕瑪蒂娜
來源：拉丁
涵意：（女）戰神。Martina是Martin的女性名字形式。
同義字：Martine

Mary〔'mɛrɪ〕瑪麗
來源：希伯來
涵意："*bitterness of rebellion*"反抗的苦澀；"*lady of the sea*"海之女。
同義字：Miriam，Molly，Maura，Morna，Marilyn，Marian，Mamie

Maud〔mɔd〕穆德
來源：神話
涵意："*powerful*"強大的。

Maureen〔mɔ'rin〕穆琳
來源：蓋爾
涵意：小瑪麗。

Mavis〔′mevɪs〕梅薇思
來源：塞爾特
涵意：比喻聲音猶如畫眉鳥的歌聲；或代表快樂（"*joy*"）。

Maxine〔mæk′sin〕**麥可馨**
來源：拉丁
涵意："*queen*"女王。此字在法國寫成Maxime；在希伯來是
　　　Malcha 或 Malka。

May〔me〕玫
來源：拉丁
涵意："*maiden*"少女，未婚女子。
同義字：Maybelle, Mayetta, Mayette

Mag〔mæg〕**麥格**
來源：拉丁
涵意："*pearl*"珍珠。

Megan〔′mɛgən〕**梅根**
來源：希臘
涵意："*the great, or the strong and able*"偉大，或強壯
　　　而能幹的人。

Melissa〔mə′lɪsə〕蒙莉莎
來源：希臘
涵意："*honey*"蜂蜜。

Mercy〔′mɝsɪ〕瑪西
來源：英國
涵意："*mercy*"慈悲；"*pity*"同情。

Meredith〔'mɛrədɪθ〕瑪莉提絲
來源：威爾斯
涵意：" *protector of the sea* "大海的保衛者。

Merry〔'mɛrɪ〕梅莉
來源：英國
涵意：" *full of fun and laughter* "充滿樂趣和笑聲。

Michaelia〔mə'ʃɛlɪə〕蜜西莉雅
來源：希伯來
涵意：似上帝的人。

Michelle〔mɪ'ʃɛl〕蜜雪兒
來源：希伯來
涵意：一種叫「紫菀」的花。是Michael（麥可）這個字的女性
　　　名字形式。
同義字：法國人寫成Michel，義大利人寫成Michaele
暱稱：Midge，Micki

Mignon〔'mɪnjɑn, -njən〕蜜妮安
來源：法國
涵意：" *delicacy and grace* "細緻而優雅。這是一個最女性化
　　　的名字。

Mildred〔'mɪldrɪd〕繆德莉
來源：英國
涵意：" *mild counselor* "和善的顧問；" *mild* "溫柔的、和
　　　善的。
暱稱：Millie，Mil

Mirabelle 〔ˈmɪrəˌbɛl〕蜜拉貝兒
來源：西班牙
涵意："*of great beauty*" 非常美麗的。
同義字：Mirabella, Mirabel

Miranda 〔mɪˈrændə〕米蘭達
來源：拉丁
涵意："*the admirable or adored one*" 令人欽佩或敬重的
　　　人。

Miriam 〔ˈmɪrɪəm, ˈmɛr-〕蜜莉恩
來源：希伯來
涵意："*sorrow*" 憂傷；"*sea of bitterness*" 苦難之洋。

Modesty 〔ˈmɑdəstɪ〕摩黛絲提
來源：拉丁
涵意：指謙虛（的人）。
同義字：Modeste

Moira 〔ˈmɔɪrə〕茉怡拉
來源：希臘
涵意："*fate*" 命運。

Molly 〔ˈmɑlɪ, ˈmɔlɪ〕茉莉
來源：希伯來
涵意："*bitterness of rebellion*" 反抗的苦澀；"*lady of
　　　the sea*" 海之女。

Mona 〔ˈmonə〕夢娜
來源：希臘

涵意：在條頓‧拉丁中有 " *solitary* " （孤獨）之意；在愛爾蘭有 " *noble* " （高貴）之意；在希臘有 " *unique* " （唯一的，獨特的）之意；在威爾斯表示 " *the heath* " （叢生石南的荒地）。

暱稱：Mona 也可當作 Monica 或 Ramona 的暱稱。

Monica 〔ˈmɑnɪkə〕莫妮卡
來源：拉丁
涵意：" *advisor* " 顧問。

Muriel 〔ˈmjʊrɪəl〕繆麗兒
來源：希伯來
涵意：" *bitter* " 悲痛，苦味。

Murray 〔ˈmɜɪ〕瑪瑞
來源：蓋爾
涵意：" *seaman* " 海員。

Myra 〔ˈmaɪrə〕瑪伊拉
來源：拉丁
涵意：" *the wonderful* " 令人驚服的人，非常好的人。
同義字：Mira，Myrilla，Myril，Mirelle

Myrna 〔ˈmɜnə〕蜜爾娜
來源：塞爾特
涵意：" *the soft and gentle* " 溫和而彬彬有禮的人。這個名字在蘇格蘭和愛爾蘭頗受歡迎。
同義字：Morna

N

Nancy 〔'nænsɪ〕南茜
來源：希伯來
涵意："*grace*"優雅、溫文。

Naomi 〔'neə,maɪ,ne'omaɪ, -mɪ〕內娥米
來源：希伯來
涵意："*my delight*"我的欣喜。

Natalie 〔'nætəlɪ〕娜特莉
來源：法國
涵意："*name given to children born on Christmas*"
聖誕節出生之小孩所取的名字。

Natividad 〔,natɪvɪ'dɑd〕娜提維達
來源：西班牙
涵意：在聖誕節出生的人。

Nelly 〔'nɛlɪ〕乃麗
來源：希臘、拉丁
涵意："*a torch*"火把。
同義字：Helen

Nicola 〔'nɪkolɑ〕妮可拉
來源：希臘
涵意：勝利之人。

Nicole 〔ni'kɔl〕妮可
來源：希臘

涵意：勝利者。Nicole 是 Nicholas 的女性名字形式。
同義字：Nicola

Nina〔'ninə〕妮娜
來源：拉丁
涵意：" *mighty* "有勢力的（印地安）；" *grand-daughter* "
孫女。

Nora〔'nɔrə〕娜拉
來源：拉丁
涵意：第九個孩子。

Norma〔'nɔrmə〕諾瑪
來源：拉丁
涵意：指某人是" *normal, a model, or a pattern* "正經的，
一個可做模範的人。

Novia〔'novjə, -vɪə〕諾維雅
來源：拉丁
涵意：新來的人。

Nydia〔'nɪdɪə〕妮蒂亞
來源：拉丁
涵意：來自隱居之處的人。

O

Octavia〔ɑk'tevɪə〕奧克塔薇
來源：拉丁
涵意：第八個孩子。

Odelette〔odə'lɛt〕**奧蒂爾列特**
來源：法國
涵意：聲音如音樂般美妙之人。

Odelia〔o'dɛlɪə〕**奧蒂莉亞**
來源：法國
涵意：身材嬌小卻很富有。

Olga〔'ɔlgə〕**歐佳**
來源：俄國
涵意：" *holy* "神聖的；" *peace* "和平。

Olive〔'alɪv〕**奧麗芙**
來源：拉丁
涵意：和平者。
同義字： Olivia

Olivia〔o'lɪvɪə〕**奧麗薇亞**
來源：拉丁。
涵意：和平者。
同義字： Olive

Ophelia〔ə'filjə, o-〕**奧菲莉亞**
來源：希臘
涵意：" *a help* "幫助者；" *a succor* "援助者。

Page〔pedʒ〕**蓓姬**
來源：希臘
涵意：" *child* "孩子。Page 現在是個頗流行的名字。

Pamela〔'pæmələ〕潘蜜拉

來源：英國，希臘

涵意：令人心疼，又喜惡作劇的小孩。

暱稱：Pam，Pammy

Pandora〔pæn'dorə,-'dɔrə〕潘朵拉

來源：法國

涵意：在希臘神話中，原指世界上第一個女人。

Patricia〔pə'trɪʃə〕派翠西亞

來源：拉丁

涵意："*of noble descent*"出身高貴的。

暱稱：Pat，Patty，Trish，Tricia

Paula〔'pɔlə〕寶拉

來源：拉丁

涵意："*little*"比喻身材嬌小玲瓏者。

暱稱：Pauline

Pearl〔pɝl〕珮兒

來源：拉丁

涵意："*like a pearl*"像珍珠般。

暱稱：有時 Pearl 也會被用作 Margaret 的暱稱。

Pag〔pɑg〕珮格

來源：拉丁

涵意："*pearl*"珍珠。

Penelope〔pə'nɛləpɪ〕潘妮洛普

來源：希臘

涵意：" *worker in cloth* "織布者；" *one who weaves in silence* "沈默的編織者。

Penny〔 ′pɛnɪ 〕**潘妮**

來源：希臘

涵意：" *one who weaves in silence* "沈默的編織者。

　　　Penny 是 Penelope 的暱稱。

暱稱：Pen

Philippa〔 fɪ′lɪpə 〕**菲麗帕**

來源：希臘

涵意：" *a lover of horses* "愛馬者。

Phoebe〔 ′fibɪ 〕**菲碧**

來源：希臘

涵意：" *the shining one* "會發亮之物，引申為顯赫的人。

　　　Phoebe 在希臘傳說中是月之女神。

同義字：Pheba

Phoenix〔 ′finɪks 〕**費妮克絲**

來源：希臘

涵意：使自己年輕的女人。

Phyllis〔 ′fɪlɪs 〕**菲麗絲**

來源：希臘

涵意：" *little leaf* "小樹葉，小花瓣。" *little green bough* "綠色小樹枝。

同義字：Phillis

Polly〔'pɑlɪ〕珀莉

來源：希伯來

涵意：" *bitterness of rebellion* " 反抗的苦澀；" *lady of the sea* " 海之女。

同義字：Mary

Poppy〔'pɑpɪ〕波比

來源：拉丁

涵意：可愛的花朵。

Prima〔'primə〕普莉瑪

來源：拉丁

涵意：長女。

Priscilla〔prɪ'sɪlə〕普莉絲拉

來源：拉丁

涵意：" *the ancient* " 古代的人。

暱稱：Pris, Prissy

Prudence〔'prudn̩s〕普露登絲

來源：拉丁

涵意：指有智慧、有遠見之人。

暱稱：Prudy, Pru, Prue

⓺

Queena〔'kwinə〕昆娜

來源：英國

涵意：很高貴、貴族化的。

Quintina〔kwɪn'tinə〕昆蒂娜
來源：拉丁
涵意：第五個孩子。

𝓡

Rachel〔'retʃəl〕瑞琪兒
來源：希伯來
涵意："*ewe*"母羊，或"*little lamb*"小羊。象徵一種和
　　　善的、彬彬有禮的沈默。
同義字：Raquel
暱稱：Rae, Raye

Rae〔re〕瑞伊
來源：希伯來
涵意："*ewe*"母羊。

Rebecca〔rɪ'bɛkə〕麗蓓嘉
來源：西班牙
涵意："*noose*"圈套，指具有迷人的美。
暱稱：Becky, Beckie, Reba

Regina〔rɪ'dʒaɪnə〕蕾珍娜
來源：拉丁
涵意："*the queen*"女王，皇后。"*the pure*"純潔的人。
　　　此字的男性名字形式是 Regan。
暱稱：Gina

Renata〔rə'nɑtɑ〕蕾娜塔
來源：希伯來
涵意："*reborn*"再生的；"*renew*"更新，恢復。

Renée〔rə′ne〕蕾妮
來源：法國
涵意：" *reborn* "再生的。Renée是法文。

Rita〔′ritə〕麗達
來源：義大利
涵意：" *pearl* "珍珠；" *brave* "勇敢的；" *honest* "誠實
　　　的。
暱稱：Rita 也可當作 Margarita 這個字的暱稱。

Riva〔′rivɑ〕莉娃
來源：法國
涵意：在河堤或河邊的人。

Roberta〔ro′bɝtə〕蘿勃塔
來源：條頓
涵意：" *bright fame* "輝煌的名聲。

Rosalind〔′rɑzḷɪnd, -,laɪnd〕羅莎琳
來源：拉丁
涵意：盛開的玫瑰。

Rose〔roz〕羅絲
來源：拉丁
涵意：玫瑰花，是一種花名，此字有盛開之意。
同義字：Rosa，Rosaleen，Rosalind，Rosaline，Rosabelle

Rosemary〔′roz,mɛrɪ〕露絲瑪麗
來源：拉丁
涵意：" *dew of the sea* "大海中的小水珠。Rosemary 這個
　　　字原是 rose 和 mary 的結合。

Roxanne〔rɑk′sæn〕洛克仙妮

來源：波斯

涵意：" *the brilliant* "顯赫的人，有才氣的人。

同義字：Roxane

暱稱：Roxy

Ruby〔′rubɪ〕露比

來源：法國

涵意：指紅寶石。

Ruth〔ruθ〕露絲

來源：希伯來

涵意：" *friendship* "友誼。

S

Sabina〔sə′baɪnə〕莎賓娜

來源：拉丁

涵意：出身高貴的人。

Sally〔′sælɪ〕莎莉

來源：希伯來

涵意：" *a princess* "一位公主。

Sabrina〔sə′braɪnə〕莎柏琳娜

來源：拉丁

涵意：從邊界來的人。

Salome〔sə′lomɪ〕莎龍蜜

來源：希伯來

涵意:" *peaceful* "和平的,寧靜的。

同義字: Saloma, Salomi, Selima

Samantha 〔sə'mænθə〕莎曼莎

來源:阿拉姆

涵意:專心一意聆聽教誨的人。

Sandra 〔'sændrə〕仙朶拉

來源:希臘

涵意:" *protector of men* "人類的保衛者。是 Alexandra 的縮
寫,是 Alexander 的女性名字形式。

Sandy 〔'sændı〕珊蒂

來源:希臘

涵意:" *protector of men* "人類的保衛者。

Sara 〔'sɑrɑ〕莎拉

來源:希伯來

涵意:" *princess* "公主。

Sarah 〔'sɛrə, 'serə〕賽拉

來源:希伯來

涵意:" *princess* "公主。

同義字: Sari, Saida, Sarene, Zarah, Zaira, Sayde,
Sarita

Sebastiane 〔sə'bæsdʒıɑn〕莎芭絲姬安

來源:希臘

涵意:" *respected or revered* "受尊重的或受尊崇的。

暱稱: Basty, Sib

Selena〔səˊlinə〕瑟琳娜
來源：拉丁
涵意：" *moon* " 月亮，月光。
同義字：Selina

Sharon〔ˊʃærən〕雪倫
來源：蓋爾
涵意：很美的公主。

Sheila〔ˊʃilə〕希拉
來源：愛爾蘭
涵意：" *a girl* " 少女；" *a young woman* " 年輕女人。
同義字：Sheilah

Sherry〔ˊʃɛrɪ〕雪莉
來源：英國
涵意：" *from the meadow* " 來自草地的。
同義字：Shirley，Sheri，Sherle

Shirley〔ˊʃɝlɪ〕雪莉
來源：英國
涵意：" *from the meadow* " 來自草地的。

Sibyl〔ˊsɪbḷ，-ɪl〕席貝兒
來源：希臘
涵意：" *a prophetess* " 女預言家。

Sigrid〔ˊsɪgrɪd〕西格莉
來源：斯堪的那維亞
涵意：" *favorite* " 最被喜愛的人。

◆勇敢是指追求眞理時的那股心智和道德的勇氣。

Simona〔sə'monə〕席夢娜
來源：希伯來
涵意：" *heard* " 被聽到。

Sophia〔sə'faɪə, 'sofɪə〕蘇菲亞
來源：希臘
涵意：" *the wise one* " 有智慧的人。
同義字：Sophie

Spring〔sprɪŋ〕史柏妮
來源：英國
涵意：代表春天。

Stacey〔'stesɪ〕史黛絲
來源：希臘
涵意：" *one who shall rise again* " 會再度振作起來之人。
同義字：Stacy

Stella〔'stɛlə〕史黛拉
來源：西班牙
涵意：" *star* " 星星。
同義字：Estella, Estelle

Stephanie〔'stɛfənɪ〕史黛芬妮
來源：希臘
涵意：" *a crown* " 王冠；" *a garland* " 花環；榮譽的標誌。
　　此字是 Stephen 或 Steven 的女性名字形式。
同義字：Steffie, Steffa, Stephana

Susan〔ˈsuzn̩, ˈsju-〕蘇珊

來源：希伯來

涵意："*a little lily*"一朵小百合。這個字在西班牙是
　　　Susanna，在義大利是Suzetta。

Susanna〔suˈzænə〕蘇珊娜

來源：希伯來

涵意："*a little lily*"一朵小百合。

Susie〔ˈsuzɪ〕蘇西

來源：希伯來

涵意："*a little lily*"一朵小百合。

同義字：Susan, Sue, Suzy, Susanna, Susannah, Susanne,
　　　　Suzanne

Suzanne〔sjuˈzæn〕蘇普

來源：希伯來

涵意："*a little lily*"一朵小百合。

Sylvia〔ˈsɪlvɪə〕西維亞

來源：拉丁

涵意："*a forest maiden*"森林少女。

同義字：Silva, Sylvana, Silvie, Zilvia, Sylvene

𝒯

Tabitha〔ˈtæbɪθə〕泰貝莎

來源：希臘

涵意："*roe*"小雌鹿。

Tammy〔'tæmɪ〕泰蜜
來源：希臘
涵意："*sun god*"太陽神。Tammy 是 Thomas 的女性名字形式。

Teresa〔tə'risə〕黛麗莎
來源：葡萄牙
涵意："*to reap*"豐收。
同義字：Theresa, Therasia, Terry, Tess

Tess〔tɛs〕黛絲
來源：法國
涵意："*to reap*"豐收。

Thera〔'θɪrə〕席拉
來源：希臘
涵意：指野女孩。

Theresa〔tə'risə〕泰蕾莎
來源：希臘
涵意："*to reap*"收穫。
同義字：Teresa, Tess
暱稱：Terry, Tracy

Tiffany〔'tɪfənɪ〕蒂芙妮
來源：古法國
涵意：原意薄紗。指顯示上帝的神聖形像。

Tina〔'tinə〕蒂娜
來源：希臘

涵意：" *the small one* "嬌小玲瓏的人。

暱稱：除上述的涵意之外，也有人把 Tina 視爲 Christina，
　　　Ernestina, Bettina 等字的暱稱。

Tobey〔'tobɪ〕托貝

來源：希伯來

涵意：在德國是" *a dove* "（一隻鴿子）的涵意，在希伯來是
　　　" *good* "（美好的，有禮貌的）的涵意。

同義字：Toby

Tracy〔'tresɪ〕翠西

來源：古法國

涵意：" *a market path* "一條市場小徑。Tracy 這個字女孩
　　　和男孩都可以用。

Trista〔'trɪstə〕翠絲塔

來源：拉丁

涵意：以微笑化解憂傷的女孩。

Truda〔'trudə〕杜達

來源：條頓

涵意：頗受喜愛的女孩。

𝒰

Ula〔'ulə〕優拉

來源：條頓

涵意：擁有祖產，並會管理的人。

Una〔′junə〕優娜

來源：蓋爾，英國，拉丁

涵意：" *one* "一人，唯一無二的。

同義字：Oona

Ursula〔′ɜsjʋlə〕尤舒拉

來源：拉丁

涵意：褐色的頭髮，無畏之人。

同義字：Ursa，Nulla，Ursia，Ursel，Ursola（西班牙）

V

Valentina〔‚vɑlɛn′tinɑ〕范倫汀娜

來源：拉丁

涵意：" *the healthy* "健康者，" *the strong* "強壯者。

Valentina 是 Valentine 的女性名字。

Valerie〔′vælərɪ〕瓦勒莉

來源：拉丁

涵意：" *the strong* "強壯的人；" *the valorous* "勇敢的人。

同義字：Valeria，Val，Valentina

Vanessa〔və′nɛsə〕雯妮莎

來源：希臘

涵意：" *butterfly* "蝴蝶。

暱稱：Vanny，Van，Vanna

Venus〔′vinəs〕維納斯

來源：希臘

涵意：愛與美的女神，比喻極美的女郎。

Vera〔'vɛrə,'værə〕維拉
來源：俄國，拉丁
涵意："*truth*"誠實，"*faith*"忠誠。

Verna〔'vɜnə〕維娜
來源：希臘
涵意：春天的美女，被賦予美麗的外表。

Veromca〔vɛ'romkɑ〕維隆卡
來源：希臘
涵意：勝利者。

Veronica〔və'rɑnɪkə〕維倫妮嘉
來源：希臘
涵意："*bringer of victory*"帶來勝利訊息者。

Victoria〔vɪk'torɪə,-'tɔr-〕維多利亞
來源：拉丁
涵意：勝利。

Vicky〔'vɪkɪ〕維琪
來源：拉丁
涵意：勝利。Vicky是Victoria的縮寫。

Viola〔'vaɪələ〕懷娥拉
來源：拉丁
涵意："*a violet*"一朵紫羅蘭。

Violet〔'vaɪəlɪt〕維爾莉特
來源：蘇格蘭、義大利

涵意：紫羅蘭；指一種很害羞的植物，有 “ *modesty* ” 謙虛的涵意。

Virginia〔vəˈdʒɪnjə〕維琴妮亞
來源：拉丁
涵意：指春天欣欣向榮狀。

Vita〔ˈvaɪtə〕維達
來源：西班牙
涵意：指其生命之力，流過所有生靈的那種女人。

Vivien〔ˈvɪvɪən〕維文
來源：法國
涵意：“ *alive* ” 活躍的。

W

Wallis〔ˈwɑlɪs〕華莉絲
來源：蘇格蘭
涵意：“ *foreigner* ” 異鄉人。

Wanda〔ˈwɑndə〕溫妲
來源：條頓
涵意：“ *the wanderer* ” 流浪者。

Wendy〔ˈwɛndɪ〕溫蒂
來源：條頓
涵意：指「小飛俠」童話中的女主角，引申為有冒險精神的女孩。另外一種說法，也有人說Wendy是 Gwendaline 或 Gene-vieve 這兩個字的暱稱。

Winifred〔′wɪnəfrɪd,-frəd〕**溫妮費德**
來源：威爾斯
涵意：" *white wave* "白色的波浪。在條頓語，是指和善的
　　　朋友。

Winni〔′wɪnɪ〕**溫妮**
來源：威爾斯
涵意：" *white wave* "白色的波浪。在條頓語，是指和善的
　　　朋友。

X

Xanthe〔′ksɑnθi,′zænθɪ〕**桑希**
來源：希臘
涵意：" *golden-haired* "金黃色頭髮的。是 Xanthus 這個字
　　　的女性名字形式。

Xaviera〔zævɪ′ɛrə〕**賽薇亞拉**
來源：西班牙
涵意：擁有新居，並善於保護新居的人。

Xenia〔′zinɪə〕**芝妮雅**
來源：希臘
涵意：" *hospitality* "好客。

Y

Yedda〔′jɛdə〕**葉達**
來源：英國
涵意：天生有歌唱的才華。

Yetta〔'jɛtə〕葉塔
來源:英國
涵意:慷慨之捐贈者。

Yvette〔i'vɛt〕葉芙特
來源:法國
涵意:" *an archer or bowman* "射手或弓箭手。
同義字:Yvonne(法)

Yvonne〔ɪ'vɑn〕伊芳
來源:法國
涵意:" *archer* "射手。

Z

Zara〔'zɑrə〕莎拉
來源:希伯來
涵意:有一涵意是" *dawn* "(黎明),但另外也可視爲是Sara
　　　或Sarah的同義字。

Zenobia〔zɪ'nobɪə〕潔諾比雅
來源:拉丁、希臘
涵意:" *a father's glory* "父親的光榮;在俄國是指狩獵女神。
　　　而羅馬曾有位Zenobia女王一度征服埃及,但後來被俘。

Zoe〔'zo·ɪ〕若伊
來源:希臘
涵意:" *life* "生命。

Zona〔′zonə〕瓊娜
來源：拉丁
涵意：黎明。

Zora〔′zorə〕瓊拉
來源：斯拉夫
涵意：黎明。
同義字：Zorah

男/性/英/文/名/字

A

Aaron 〔'ɛrən, 'erən〕阿倫
來源：希伯來
涵意："*lofty or high mountain*" 巍然的或高大的山；"*inspired and enlightened*" 受神啓示的且開通的。這個名字頗流行。
同義字：Aron

Abel 〔'ebḷ〕亞伯
來源：拉丁
涵意："*breath*" 呼吸。

Abbott 〔'æbət〕阿布特
來源：希伯來
涵意：很有父性的；具有偉大的精神的。

Abner 〔'æbnɚ〕阿布拿
來源：希伯來
涵意：睿智；有智慧。
同義字：Abbie, Ab

Abraham 〔'ebrəhæm〕亞伯拉罕
來源：希伯來
涵意："*exalted father*" 地位崇高的父親；*father of multitude* 衆人之父。
暱稱：Abe, Bram, Braham

Adair〔ə'dɛr〕阿岱爾

來源：蘇格蘭，愛爾蘭

涵意：猶如橡樹般堅強。

Adam〔'ædəm〕亞當

來源：希伯來

涵意：依希伯來的說法，Adam是天下第一個男人，所以，此字
　　　有"*human*，*mortal*，*mankind*"的涵意；也可以說就代
　　　表所有的男性。

暱稱：Ad，Addis，Addy（ Addy 也可視為 Adam 的同義字）

Addison〔'ædəsn̩〕阿狄生

來源：英國

涵意：亞當的後代。

Adolph〔'ædɑlf〕阿道夫

來源：古德國

涵意："*noble wolf*"高貴的狼。此字的女性名字形式是Adolpha，
　　　Adolphia。

Adonis〔ə'donɪs，ə'dɑnɪs〕阿度尼斯

來源：希臘

涵意：美男子。

Adrian〔'edrɪən〕亞德里恩

來源：拉丁

涵意：傍海而居之人。the Adriatic Sea 是指義大利東邊的亞
　　　得利亞海。

◆ *A flower is more wonderful than the most ingenious of man's machines.*

Ahern〔ə′hɜn〕亞恒
來源：塞爾特

涵意：" *horse owner* "馬的主人。

Alan〔′ælən〕亞倫
來源：斯堪的那維亞

涵意：" *handsome , fair* "英俊的，好看的（蓋爾）；" *har-mony , peace* "和睦，和平（塞爾特）；" *cheerful* "高興的（斯堪的那維亞）。

同義字：Alleyn , Allen , Allan , Allyn

Albert〔′ælbət〕艾伯特
來源：英國

涵意：" *nobly bright* "高貴地聰明（條頓）；" *defender of men* "人類的守護者。此字源於Adelbrecht。科學家愛因斯坦的名字即寫為Albert Einstein（艾伯特・愛因斯坦），他發表了偉大的「相對論」。

同義字：Al , Albrecht , Bert , Bertie

Aldrich〔′ɔldrɪtʃ〕阿德里奇
來源：古英國

涵意：英明的統治者。

Alexander〔,ælɪg′zændə〕亞歷山大
來源：希臘

涵意：" *protector of men* "人類的保護者。古時很多國王都叫這個名字。

同義字：Alisdair , Alistair

暱稱：Sandy , Sandor , Sascha , Alec

Alfred〔ˈælfrɪd〕**阿佛列**
來源：英國或條頓
涵意："*keen counselor*"睿智的顧問；"*wise helper*"聰明
　　　的幫手。

Alger〔ˈældʒɚ〕**阿傑**
來源：英國
涵意：光榮而高貴的護衛。

Algernon〔ˈældʒənən〕**阿傑倫**
來源：古法國
涵意：滿臉大鬍子的人。

Allen〔ˈælɪn, ˈælən〕**亞倫**
來源：蓋爾
涵意："*handsome*"英俊的；"*fair*"好看的。

Alston〔ˈɔlstən〕**奧斯頓**
來源：英國
涵意：出身很高貴的人。

Alva〔ˈælvə〕**亞瓦**
來源：拉丁
涵意："*white*"白種人的；"*fair*"金髮碧眼白皮膚的。
同義字：Albina

Alvin〔ˈælvɪn〕**歐文**
來源：條頓

涵意："*beloved by all*"被大家所喜愛的;"*everyone's friend*"每個人的朋友。此字的女性名字形式是Alvina。

同義字:Alvan,Alwyn,Alwin,Alvah

Alvis〔al′vis〕**亞維斯**

來源:挪威

涵意:短小精幹的人。

Amos〔′eməs〕**阿摩司**

來源:希伯來

涵意:任重道遠的人。

André〔′ændrɪ〕**安得烈**

來源:法國

涵意:"*manly, courageous, valiant*"男性的,勇敢的,驍勇的。

Andrew〔′ændru〕**安德魯**

來源:希臘

涵意:"*manly, courageous, valiant*"男性的,勇敢的,驍勇的。

同義字:André(法),Anders(丹麥)

Andy〔′ændɪ〕**安廸**

來源:希臘

涵意:"*manly, courageous, valiant*"男性的,勇敢的,驍勇的。Andy 是 Andrew 的縮寫。

Angelo〔'ændʒɪlo〕安其羅
來源：義大利
涵意：上帝的使者。

Angus〔'æŋgəs〕安格斯
來源：蓋爾
涵意："*one*"一個，唯一無二的。在塞爾特神話中，Angus 是
　　　愛神。
同義字：Aonghus

Ansel〔'ænsɛl〕安西爾
來源：古法國
涵意：無論出身或教養均極高貴的人。

Antony〔'æntənɪ〕安東尼
來源：拉丁
涵意："*praiseworthy*, *greatly esteemed*"值得讚美，備受尊
　　　崇的。
同義字：Anthony，Anton 和 Antoine（歐洲）
暱稱：Tony

Antoine〔æn'twɑn〕安東莞
來源：歐洲
涵意："*praiseworthy*, *greatly esteemed*"值得讚美，備受尊
　　　崇的。

Antonio〔æn'tonɪ,o〕安東尼奧
來源：拉丁
涵意："*praiseworthy*, *greatly esteemed*"值得讚美，備受尊
　　　崇的。

◆ 你懂得愈多，你會覺得你該知道的東西也愈多。（學而後知不足。）

Archer〔ˊɑrtʃɚ〕**亞奇爾**

來源：古英國

涵意：可拉開千鈞之弓的大力士。

Archibald〔ˊɑrtʃəˏbɔld〕**亞奇伯德**

來源：古英國

涵意：" *noble* " 高貴的 ，" *bold* " 勇敢的 。

Aries〔ˊɛriz，ˊɛrɪˏiz〕**亞力士**

來源：拉丁

涵意：" *ram* " 公羊 。

Arlen〔ˊɑrlɪn〕**亞林**

來源：英國

涵意：" *a pledge* " 一個誓約 。

同義字：Erline（德），Arline，Arlene，Arleyne，Arleta

Armand〔ɑrˊmɑŋ〕**亞曼**

來源：德國

涵意：軍人 。

Armstrong〔ˊɑrmstrɔŋ〕**阿姆斯壯**

來源：古英國

涵意：臂力強健的人。人類第一位登上月球表面的即美國的太空
　　　人 Armstrong（ 於 1969 年 7 月 20 日 ）。

Arno〔ˊɑrno〕**亞諾**

來源：條頓

涵意：" *eagle* " 鷹 。

Arnold〔'ɑrnḷd〕**阿諾德**

來源：條頓

涵意："*eagle*"鷹。

綽號：Arno，Arny

Arthur〔'ɑrθɚ〕**亞瑟**

來源：英國

涵意："*exalted or noble*"高尚的或貴族的。

暱稱：Art，Arty，Artie

Arvin〔'ɑrvɪn〕**艾文**

來源：條頓

涵意：經常以平等之心待人者。

Asa〔'esə〕**亞撒**

來源：希伯來

涵意："*healer*"治癒者。

Ashburn〔'æʃbən〕**阿希伯恩**

來源：古英國

涵意：非常入世的人，傳播喜訊者。

Atwood〔'ætwʊd〕**亞特伍德**

來源：古英國

涵意：住在森林旁或森林中的人。

Aubrey〔'ɔbrɪ〕**奧布雷**

來源：條頓

涵意：a king who is "*rich and powerful*"有錢有勢的（國王）。

August〔'ɔgəst〕奧格斯特

來源：拉丁

涵意："*the sacred , consecrated , or exalted one*"神聖的、
尊崇的或身份高尚的人。

同義字：Augustus , Austin , Augustin

暱稱：Gus , Gussie , Augie

Augustine〔ɔ'gʌstɪn〕奧格斯汀

來源：拉丁

涵意：指八月出生的人。

Avery〔'evərɪ〕阿富里

來源：古英國

涵意：淘氣，愛惡作劇的人。

B

Baird〔bɛrd, bærd〕拜爾德

來源：愛爾蘭

涵意：很會唱民謠的人。

Baldwin〔'bɔldwɪn, -dɪn〕伯德溫

來源：條頓

涵意："*one bold in war*"在戰場很英勇的人。

同義字：Baudouin

Bancroft〔'bænkrɔft, 'bæŋ-〕班克羅富特

來源：古英國

涵意：種豆之人。

Bard〔bɑrd〕巴德

來源：古英國

涵意：每天都很快樂，且喜歡養家畜的人。

Barlow〔'bɑrlo〕巴羅

來源：希臘

涵意：住在不毛的山區中的人。

Barnett〔'bɑrnɪt,-nɛt〕巴奈特

來源：古英國

涵意：人類的領袖，具高貴的天賦。

Baron〔'bærən〕巴倫

來源：古英國

涵意：勇敢的戰士；高貴。

Barret〔'bærɪt,-ɛt〕巴里特

來源：條頓

涵意：有大擔當的人。

同義字：Barrett

Barry〔'bærɪ〕巴利

來源：愛爾蘭

涵意：" *a good marksman* " 優秀的射手；也可視爲 Baruch 或
　　　 Barnard 的縮寫。

Bartholomew〔bɑr'θɑlə,mju〕巴梭羅繆

來源：希臘

涵意：是耶穌的十二門徒之一。

Bart〔bɑrt〕巴特

來源：希臘

涵意：是耶穌的十二門徒之一。Bart 是 Bartholomew 的縮寫。

Barton〔'bɑrtn̩〕巴頓

來源：古英國

涵意：住在大麥田裡的人。

Bartley〔'bɑrtlɪ〕巴特萊

來源：古英國

涵意：看管牧草地的人。

Basil〔'bæzl̩, -zɪl〕巴澤爾

來源：拉丁

涵意：高貴的。

Beacher〔'bitʃɚ〕比其爾

來源：古英國

涵意：原意浪濤。

Beau〔bo〕寶兒

來源：古法國

涵意："*a dandy*"好修飾的人，花花公子。

Beck〔bɛk〕貝克

來源：古英國

涵意："*brook*"溪流。

Ben〔bɛn〕**班**

來源：希伯來

涵意："son"兒子；"*peak*"山峰（蘇格蘭）。

Benedict〔'bɛnə,dıkt〕**班尼廸克**

來源：拉丁

涵意："*blessed*"受祝福的；"*well-spoken*"能言善道的。

同義字：Bennet 和 Benson（英），Benito（義）

暱稱：Dix，Dix，Dixie，Dixon，Benny

Benjamin〔'bɛndʒəmən〕**班傑明**

來源：希伯來

涵意："*favorite son*"最喜愛的兒子；"*fortunate*"幸運的。

Bennett〔'bɛnɛt，'bɛnıt〕**班奈特**

來源：拉丁

涵意：受祝福的人。

Benson〔'bɛnsn̩〕**班森**

來源：希伯來・英國

涵意：具有其父般性格的人。

Berg〔bɛrg〕**伯格**

來源：條頓

涵意："*ice mountain*"冰山。

Berger〔'bɝdʒɚ〕**伯格爾**

來源：法國

涵意：犁地的人；牧羊人。

Bernard〔ˈbɝnəd,-nɑrd,bəˈnɑrd〕伯納

來源：條頓

涵意："*bold as a bear*"像一隻熊般勇敢。此字的女性名字形式是Bernadine和Bernadette。

同義字：Bernarr，Barnard，Barnet，Barney

Bernie〔ˈbɝnɪ〕伯尼

來源：條頓

涵意："*bold as a bear*"像一隻熊般勇敢。Bernie是Bernard的暱稱。

Bert〔bɝt〕伯特

來源：古英國

涵意：全身散發出榮耀和光輝的人。

Berton〔ˈbɝtn̩〕伯頓

來源：古英國

涵意：勤儉治產之人。

暱稱：Bertie

Bertram〔ˈbɝtrəm〕布特萊姆

來源：條頓

涵意："*fortunate and illustrious one*"幸運且傑出的人。

同義字：Bartram，Bertrand

Bevis〔ˈbivɪs〕比維斯

來源：古法國

涵意：能明察周遭環境的人。

Bill〔bɪl〕**比爾**

來源：古德國

涵意：" *a powerful warrior or protector* " 強而有力的戰士或保衞者。

Bing〔bɪŋ〕**賓**

來源：古德國

涵意：來自很特殊的村落。

Bishop〔'bɪʃəp〕**比夏朴**

來源：古英國

涵意：" *overseer* " 監督者。

Blair〔blɛr〕**布萊爾**

來源：塞爾特

涵意：" *from the plain* " 來自平原的；也代表 " *marshy bat-tlefield* " 多沼澤的戰場。

Blake〔blek〕**布萊克**

來源：英國

涵意：" *to whiten or bleach* " 漂白。

Blythe〔blaɪð〕**布萊茲**

來源：英國

涵意：很快樂的人。

Bob〔bɑb〕**鮑伯**

來源：條頓

涵意：" *bright fame* " 輝煌的名聲。Bob 是 Robert 的縮寫。

Booth〔buθ,buð〕**布茲**
來源：古挪威
涵意：住小茅屋的人。

Borg〔bɔrg〕**布格**
來源：斯拉夫
涵意：居住在一座世襲的古堡者。

Boris〔'bɑrɪs,'borɪs〕**伯里斯**
來源：俄國
涵意：" *fight* "戰鬥。

Bowen〔'boɪn〕**波文**
來源：古英國
涵意：有教養的貴族。

Boyce〔'bɔɪs〕**布宜斯**
來源：古法國
涵意：住在森林中，遺世獨立者。

Boyd〔bɔɪd〕**布德**
來源：塞爾特
涵意：" *yellow-haired* "金髮的；" *white* "白種人的。

Bradley〔'brædlɪ〕**布蘭德里**
來源：英國
涵意：" *from the broad meadow* "來自寬廣的草地。

Brady〔'bredɪ〕**布萊廸**
來源：英國

涵意：" *spirited* "生氣蓬勃的；" *broad island* "寬廣的島
嶼。

Brandon〔ˈbrændən〕**布蘭度恩**

來源：古英國

涵意：來自發亮的山區。

Brian〔ˈbraɪən〕**布萊恩**

來源：塞爾特和蓋爾

涵意：" *mighty leader* "有權勢的領袖；" *noble born* "出生
高貴。

同義字：Bryan , Bryant

Broderick〔ˈbrɑdərɪk〕**伯得里克**

來源：斯堪的那維亞

涵意：" *famous king* "著名的國王。

Brook〔brʊk〕**布魯克**

來源：古英國

涵意：" *a dweller by the stream* "傍溪而居之人。這個名字
男女共用。

同義字：Brooke , Brooks

Bruce〔brus〕**布魯斯**

來源：法國

涵意：" *a woods* "一座森林。

Bruno〔ˈbruno〕**布魯諾**

來源：義大利

涵意：" *brown or dark complexion* "褐色的或黑色的膚色。

Buck 〔 bʌk 〕巴克

來源：古英國

涵意：雄鹿。

Burgess 〔 ˊbɝdʒɪs , -dʒɛs 〕伯奇士

來源：英國

涵意：" *free man* " 自由的人。

同義字：Burger

Burke 〔 bɝk 〕巴爾克

來源：古法國

涵意：住在城堡要塞的人。

Burnell 〔 ˊbɝnl̩ 〕布尼爾

來源：古法國

涵意：身材矮小者。

Burton 〔 ˊbɝtn̩ 〕波頓

來源：英國

涵意：" *town on hill* " 山丘上的小鎮。

縮寫：Burt

Byron 〔 ˊbaɪrən 〕拜倫

來源：英國

涵意：" *from the cottage* " 來自鄉下房舍，引申爲喜愛大自然
景物者。英國有位著名詩人就叫 Byron（ 1788 — 1824 ）

𝒞

Caesar〔ˊsizɚ〕**凱撒**

來源：拉丁

涵意：皇帝

Calvin〔ˊkælvɪn〕**卡文**

來源：拉丁

涵意："*bald*"禿頭的。

縮寫：Cal

Carey〔ˊkɛrɪ〕**卡里**

來源：威爾斯

涵意：住在古堡裡的人。

Carl〔kɑrl〕**卡爾**

來源：德國

涵意："*a great man*"偉大的人。

同義字：Karl，Charles

Carr〔kɑr，kɛr〕**凱爾**

來源：挪威

涵意：住在潮溼地或沼澤地的人。

Carter〔ˊkɑrtɚ〕**卡特**

來源：英國

涵意："*a driver of carts*"駕馬車的人。

Cash〔kæʃ〕**凱希**

來源：拉丁

涵意：愛慕虛榮者，原意現金。

Cecil〔ˈsɛsḷ,ˈsɛsɪl〕塞西爾

來源：拉丁

涵意：" *dimsighted* " 視力朦朧的 。

Cedric〔ˈsɛdrɪk,ˈsidrɪk〕賽德里克

來源：塞爾特

涵意：" *war chieftain* " 戰爭統帥（塞爾特）；*bountiful* 慷慨
　　　的（威爾斯）。

Chad〔tʃæd,tʃɑd〕奇德

來源：古英國

涵意：" *warrior* "（有經驗的）戰士 。Chad 是 Chadwick 的縮
　　　寫 。

Channing〔ˈtʃænɪŋ〕强尼

來源：古法國

涵意：牧師 。

Chapman〔ˈtʃæpmən〕契布曼

來源：英國

涵意：" *a trader* " 商人 ；" *a peddler* " 小販 。

Charles〔tʃɑrlz〕查爾斯（查理）

來源：打丁一條頓

涵意：" *strong , manly , of noble spirit , or robust* " 強壯
　　　的 ，男性的 ，高貴心靈的 ，強健的 。

同義字：Karl（德），Carlos（西班牙），Charlot（法）。

暱稱：Chick，Chuck

Chasel 〔'ʃɑzl̩〕夏佐
來源：古法國
涵意：獵人。

Chester 〔'tʃɛstɚ〕賈斯特
來源：羅馬
涵意：When Roman invaders built a camp or fortified town
in a captured land, they called it a castra. 羅馬侵
略者在佔據來的地方設營或要塞小鎮，叫 castra。後來在
英國演變成 Chester 這個名字。
縮寫：Chet

Christ 〔kraɪst〕克萊斯特
來源：希伯來
涵意：基督。

Christian 〔'krɪstʃən〕克里斯汀
來源：希臘
涵意：" *follower of Christ* " 基督的追隨者，信徒。
縮寫：Christie 和 Christy（蘇格蘭）

Christopher 〔'krɪstəfɚ〕克里斯多夫
來源：希臘
涵意：" *a Christ bearer* " 基督的信差或僕人，表基督徒之意。
縮寫：Christy, Kriss, Kester

Clare 〔klɛr〕克拉爾
來源：拉丁

涵意：" *clear* "頭腦清楚的；" *bright* "聰明的。此字的女性名字形式爲 Clarence 。

同義字：Claire , Clarissa

Clarence〔ˈklærəns〕克拉倫斯

來源：拉丁

涵意：" *clear* "頭腦清楚的；" *bright* "聰明的；" *illustrious* "著名的。此字的女性名字形式爲 Clare 或 Clara 。

Clark〔klɑrk〕克勒克

來源：拉丁和英國

涵意：" *a scholar* "一位學者。

Claude〔klɔd〕克勞德

來源：拉丁

涵意：" *the lame one* "跛脚者。此字的女性英文名字形式是 Claudia , Claudette 。

Clement〔ˈklɛmənt〕克雷孟特

來源：拉丁

涵意：" *the mild or merciful* "和善的或仁慈的人。

縮寫：Clem

Cleveland〔ˈklivlənd〕克利夫蘭

來源：古英國

涵意：來自岩區的人。

Cliff〔klɪf〕柯利弗

來源：古英國

涵意：來自陡峭的山區之人。

Clifford〔ˈklɪfəd〕**柯利弗德**

來源：古英國

涵意："*the crossing or ford near the cliff*"臨近懸崖的
　　　道岔口或堡壘。

暱稱：*Cliff*

Clyde〔klaɪd〕**克萊得**

來源：威爾斯

涵意：在很遠的地方就聽得到。

Colbert〔ˈkɑlbət〕**考伯特**

來源：古英國

涵意：即將成爲船員的人。

Colby〔ˈkolbɪ〕**考比**

來源：古挪威

涵意：來自黑暗地區的人。

Colin〔ˈkɑlɪn〕**科林**

來源：蓋爾

涵意：小孩或嬰兒。此字的女性名字形式是 Colette。但是，
　　　Colin 有時也被視爲是 Nicholas（勝利之意）的縮寫。

Conrad〔ˈkɑnræd〕**康拉德**

來源：條頓

涵意："*a helper*"援助者，或指"*wisdom*"智慧。代表有智
　　　慧且能提供指導的人。

縮寫：Con，Conny，Connie

Corey〔ˈkorɪ〕**康里**

來源：蘇格蘭

涵意：" *a dweller by a misty pool* " 居住在有霧的湖邊的人。

同義字：Cori，Cory

Cornelius〔kɔr'nelɪʊs〕康那里士

來源：拉丁

涵意：" *horn of the sun* " 太陽之角。是王權的象徵。

Cornell〔kɔr'nɛl〕康奈爾

來源：古法國

涵意：金黃色頭髮的人。

Craig〔kreg〕克萊格

來源：塞爾特

涵意：" *crag dweller* " 居住峭壁的人。

Curtis〔'kɝtɪs〕可帝士

來源：古法國

涵意：" *courteous* " 有禮貌的。

縮寫：Curt（拉丁 / 德國）

Cyril〔'sɪrəl〕西瑞爾

來源：希臘

涵意：" *lordly* " 貴族的。

同義字：Girieol（威爾斯），Curilo（西班牙）

Dana〔'denə〕戴那

來源：古英國

涵意：如陽光般純潔、光耀。

Daniel〔′dænjəl〕**丹尼爾**

來源：希伯來

涵意："*God is my judge*"上帝是我的仲判人。

同義字：Daniell，Darnell

縮寫：Dan，Danny

Darcy〔′dɑrsɪ〕**達爾西**

來源：古法國

涵意：指來自大城堡或要塞的人，黑人。

Darnell〔′dɑrnəl〕**達尼爾**

來源：希伯來

涵意："*God is my judge*"上帝是我的仲判人。

Darren〔′dærən〕**達倫**

來源：愛爾蘭

涵意：身材雖矮，但很有成大事業的潛力之人。

Dave〔dev〕**廸夫**

來源：希伯來

涵意："*beloved one*"所愛的人。

David〔′devɪd〕**大衞**

來源：希伯來

涵意："*beloved one*"所愛的人。

縮寫和暱稱：Taffy，Dave，Davy，Davie，Davi

Dean〔din〕**廸恩**

來源：英國

◆
假使每個人都眞正能夠獨掃自己門前雪，那麼整個世界就乾淨了。

涵意：" *valley* " 山谷；" *leader of a school* " 學校的領導者；
" *leader of church* " 教堂的領導者。

Dempsey〔ˊdɛmpsɪ〕丹普西
來源：蓋爾
涵意：驕傲而有力的人。

Dennis〔ˊdɛnɪs〕鄧尼斯
來源：希臘
涵意：來自希臘的酒神Dionysius 這個字。
同義字：Denyo , Denis

Derrick〔ˊdɛrɪk〕戴里克
來源：德國
涵意：人民的統治者。

Devin〔ˊdɛvɪn〕提文
來源：愛爾蘭
涵意：指詩人或學者。

Dick〔dɪk〕狄克
來源：德國
涵意：" *lionhearted* " 勇猛（如獅）的，大膽的。
暱稱：Dick 是 Richard 的暱稱。

Dominic〔ˊdɑmənɪk〕多明尼克
來源：拉丁
涵意：" *belonging to the Lord* " 屬於上帝的。
同義字：Dominick
縮寫：Dom

Don〔dɑn〕唐
來源：塞爾特
涵意："*world leader*"世界領袖。Don 是 Donald 的縮寫。

Donahue〔dɑnəˊhju〕**唐納修**
來源：愛爾蘭
涵意：紅褐色的戰士。

Donald〔ˊdɑnəld〕**唐納德**
來源：塞爾特
涵意："*world leader*"世界領袖。
同義字：Donal，Donnell，Donley，Domnal
縮寫：Don

Douglas〔ˊdʌgləs〕**道格拉斯**
來源：蓋爾
涵意：來自黑海的人。
暱稱：Doug

Drew〔dru〕**度魯**
來源：古威爾斯
涵意：聰慧與誠實的人。

Duke〔djuk〕**度克**
來源：拉丁
涵意："*leader*"領導者。

Duncan〔ˊdʌŋkən〕**鄧肯**
來源：蓋爾

涵意：" *brown warrior* "褐色的戰士；曬得黑黑的戰士。

暱稱：Dunk

Dunn〔dʌn〕**唐恩**

來源：古英國

涵意：指黑色皮膚的人。

Dwight〔dwaɪt〕**多維特**

來源：條頓

涵意：" *the white or fair* "白種人或金髮碧眼的人。

Dylan〔ˈdɪlən〕**狄倫**

來源：威爾斯

涵意：" *the sea* "海洋；" *the god of the waves* "波浪之神。

E

Earl〔ɝl〕**俄爾**

來源：古英國

涵意：" *noble chief of keen intelligence* "有敏銳智慧的高貴
領導者。

Ed〔ɛd〕**艾德**

來源：英國

涵意：" *a rich guardian of property* "一位有錢的監護人。Ed
是 Edward 的縮寫。

Eden〔ˈidn̩〕**伊登**

來源：希伯來

涵意：Eden 這個字是聖經上所指的伊甸園，那裡住著全世界第
一個男人和女人。這裡引申為光芒與快樂的所在。

Edgar 〔ˊɛdgɚ〕愛德格
來源：古英國
涵意：" *happy warrior* "快樂的戰士。
同義字：Edgard（法），Edgardo（義）

Edmund 〔ˊɛdmənd〕愛德蒙
來源：古英國
涵意：" *wealthy protector* "有錢的保護者。
同義字：Edmond
暱稱：Ed , Ned

Edison 〔ˊɛdəsn̩〕愛廸生
來源：古英國
涵意：以照顧他人而豐富自己的人。

Edward 〔ˊɛdwəd〕愛德華
來源：英國
涵意：" *a rich guardian of property* "一位很有錢的財產監
護人。很多英國國王都叫這個名字。
同義字和暱稱：Eddie , Eddy , Teddy , Ted , Ned , Ed

Edwin 〔ˊɛdwɪn〕艾德溫
來源：英國
涵意：" *a rich friend* "一位有錢的朋友；" *a valuable
friend* "有價值的朋友；" *the gainer of property* "
財產的獲得者。

Egbert〔ˈɛgbət〕**愛格伯特**

來源：條頓

涵意："*formidably brilliant*"非常有才能的，非常顯赫的（條頓）。

Eli〔ˈilaɪ〕**伊萊**

來源：希伯來

涵意："*grandeur，prominence*"偉大，傑出。

Elijah〔ɪˈlaɪdʒə,ə-〕**伊萊哲**

來源：希伯來

涵意："*Jehovah is God*"耶和華就是上帝。

同義字：Elia，Elias，Eliel，Ellis，Ellert，Ello，Elie

暱稱：Lije

Elliot〔ˈɛljət〕**伊里亞德**

來源：法國，希伯來

涵意：虔誠信仰上帝的人。

Ellis〔ˈɛlɪs〕**艾理斯**

來源：希伯來

涵意："*God is salvation*"上帝是救世主。

Elmer〔ˈɛlmə〕**依爾馬**

來源：英國

涵意："*noble or famous*"高貴的或有名的。

同義字：Elmar

Elroy〔ˈɛlrɔɪ〕**愛羅伊**
來源：拉丁
涵意："*royal*"王室的。"*king*"國王。

Elton〔ˈɛltən〕**伊爾頓**
來源：英國
涵意："*from the old farm*"來自老農場的。
同義字：Alton

Elvis〔ˈɛlvɪs〕**艾維斯**
來源：條頓
涵意："*noble*"高貴的；"*friend*"朋友。

Emmanuel〔ɪˈmænjʊəl〕**愛曼紐**
來源：希伯來
涵意："*God is with us*"上帝與我們同在。
同義字：Emanuel
暱稱：Mannie

Enoch〔ˈinək〕**伊諾克**
來源：希臘，希伯來
涵意："*dedicated*"虔誠的。

Eric〔ˈɛrɪk, ˈɪr-〕**艾利克**
來源：斯堪的那維亞
涵意："*ruler*"領導者。其女性名字形式是 Erica，Erika
同義字：Erick
暱稱：Rick，Rickie

Ernest〔'ɝnɪst〕**歐尼斯特**

來源：德國

涵意："*the intent，sincere，or earnest one*"熱心、眞實或誠摯的人。

同義字：Ernst，Arnestus（荷蘭），Ernesto（西班牙和葡萄牙）

暱稱：Ernie，Ern

Eugene〔juˈdʒin，ˈjudʒin〕**尤金**

來源：希臘、拉丁

涵意："*of noble race*"有高貴血統的。

暱稱：Gene

Evan〔'ɛvən〕**伊文**

來源：塞爾特

涵意："*one who is well-born*"出身名門的人。

Everley〔'ɛvəlɪ〕**伊夫萊**

來源：古英國

涵意：指野豬打鬥的場地。

F

Fabian〔'febɪən〕**富賓恩**

來源：羅馬

涵意："*bean grower*"種豆之人。

Felix〔'filɪks〕**菲里克斯**

來源：拉丁

涵意：" *blessed or fortunate* "幸福的或幸運的。此字的女
　　性名字形式是 Felicia。

同義字：Felice（義），Feliz（西班牙）

Ferdinand〔ˈfɝdṇˌænd〕斐廸南

來源：條頓

涵意：" *to be bold* , *adventurous* "勇敢的，愛冒險的；
　　" *to make peace* "謀和。

同義字：Fernand , Fernando , Herando , Hernando , Hernam,
　　　　Ferrand

暱稱：Ferdie

Fitch〔fɪtʃ〕費奇

來源：英國

涵意：金髮之人。

Fitzgerald〔fɪtsˈdʒɝəld〕費茲介路

來源：古英國

涵意：指技術高明的造箭家。

Ford〔ford,fɔrd〕福特

來源：古英國

涵意：指河的渡口。

Francis〔ˈfrænsɪs〕法蘭西斯

來源：拉丁

涵意：" *the free* "自由之人，無拘無束的人。此字的女性名
　　字形式是 Frances , Francine。

同義字：Francois , Franz , Fanchon

暱稱：Frank 可視為 Francis 的暱稱，也可自成一個獨立的名字。

Frank 〔fræŋk〕**法蘭克**
來源：古法國
涵意：自由之人。

Franklyn 〔'fræŋklɪn〕**法蘭克林**
來源：拉丁或德國
涵意："*a free man*" 自由之人。

Frederic 〔'frɛdərɪk〕**弗雷德里克**
來源：古德國
涵意："*peaceful ruler*" 以和平領導的統治者；"*powerful, rich*" 強大有力的，富有的。
同義字：Frederick，Friedrich（德），Federico（義）
暱稱：Fritz，Fred

G

Gabriel 〔'gebrɪəl〕**加布里爾**
來源：希伯來
涵意："*God is mighty*" 上帝的力量是很大的。
暱稱：Gabe，Gabby

Gale 〔gel〕**加爾**
來源：愛爾蘭
涵意："*to sing*" 唱歌；"*a stranger*" 陌生人。此字的女性名字形式是Gayle，Gail。

Gary 〔'gɛrɪ〕**蓋里**
來源：條頓
涵意："*spear carrier*" 帶槍矛的人。

暱稱：有許多說法，說 Gary 是 Garth，或 Gerard，或 Gerald
　　　的暱稱。

Gavin〔ˈgævɪn〕**蓋文**
來源：古愛爾蘭
涵意：" *hawk of battle* " 戰爭之鷹，勝利之鷹。

Gene〔dʒin〕**吉恩**
來源：希臘，拉丁
涵意：" *of noble race* " 有高貴血統的。

Geoffrey〔ˈdʒɛfrɪ〕**傑佛瑞**
來源：古法國
涵意：神聖的和平。
同義字：Jeffrey

Geoff〔dʒɛf〕**傑夫**
來源：古法國
涵意：神聖的和平。Geoff 是 Geoffrey 的縮寫。

George〔dʒɔrdʒ〕**喬治**
來源：希臘
涵意：" *farmer* " 農夫。
同義字：Georgy，Georgio（義），Georges（法），Jorge
　　　　（西），Joris（荷）。女性名字形式是 Georgia，
　　　　Georgette，Georgiana。

Gerald〔ˈdʒɛrəld〕**吉羅德**
來源：條頓

涵意：" *brave warrior* "勇敢的戰士。

同義字：Gerard , Gerhart

暱稱：Jerry , Gerry

Gilbert〔ˈgɪlbət〕吉伯特

來源：條頓

涵意：" *bright pledge* "閃耀的誓言。

同義字：Wilbert , Wilburt , Wilbur

暱稱：Gil , Bert , Gib , Gip

Giles〔dʒaɪlz〕吉艾斯

來源：希臘

涵意：" *shield bearer* "持盾之人。

Glenn〔glɛn〕葛蘭

來源：塞爾特

涵意：" *of the narrow valley* "狹窄山谷的。女性名字形式是 Glynis 。

Goddard〔ˈgɑdəd〕哥達

來源：古德國

涵意：指非常穩固，猶如宇宙不可動搖的定律。

Godfrey〔ˈgɑdfrɪ〕高德弗里

來源：古法國

涵意：和平之神。

Gordon〔ˈgɔrdn̩〕戈登

來源：古英國

涵意："*three-cornered*"形勢三角的山區；"*hero*"英雄；
"*strong man*"強壯的人。

Greg〔grɛg〕葛列格
來源：希臘
涵意："*the vigilant one*"警覺之人。

Gregory〔'grɛgərɪ,'grɛgrɪ〕葛列格里
來源：希臘
涵意："*the vigilant one*"警覺的人。

Griffith〔'grɪfɪθ〕葛里費茲
來源：古威爾斯
涵意：指保護家園抵抗外敵有力之人。

Grover〔'grovɚ〕葛羅佛
來源：古英國
涵意："*a grove dweller*"住在小樹林中的人。

Gustave〔gjʊs'tɑv〕加斯塔夫
來源：德國或瑞典。
涵意："*war*"戰爭。

Guy〔gaɪ〕蓋
來源：英國
涵意："*guide*"引導者；"*sensible*"明智的；"*old warrior*"
年老的戰士；"*life*"生命。
同義字：Guyon,Wyatt,Wiatt

◆人生是一種從不充份的前提中推斷出充份的結論的藝術。

H

Hale 〔 hel 〕 **霍爾**
來源：古英國
涵意：英雄般的榮耀。

Haley 〔 'helɪ 〕 **哈利**
來源：愛爾蘭
涵意：" *Scientific or ingenious* " 科學的或有發明天份的。

Hamilton 〔 'hæml̩tən, -tn̩ 〕 **漢米敦**
來源：古法國或諾曼第
涵意：" *from the mountain hamlet* " 來自山上的小村。

Hardy 〔 'hɑrdɪ 〕 **哈代**
來源：古德國
涵意：勇敢，且人格高尚之人。英國有一位極有名的小說家叫
　　　Thomas Hardy。

Harlan 〔 'hɑrlən 〕 **哈倫**
來源：條頓
涵意：" *from the frost land* " 來自寒冷的國度。
同義字：Harland

Harley 〔 'hɑrlɪ 〕 **哈利**
來源：古英國
涵意：來自到處是野兔的草原或小樹林。

Harold〔'hærəld〕哈樂德
來源：古英國
涵意："*leader of the army*"軍隊的領導者。

Harriet〔'hærɪət〕哈里特
來源：中世紀英國
涵意：戰爭，軍人。Harriet 是 Harry 的暱稱。

Harry〔'hærɪ〕哈里
來源：中世紀英國
涵意：戰爭，軍人。

Harvey〔'hɑrvɪ〕哈威
來源：古法國
涵意："*bitter*"有苦味的；"*the progressive or flourish-ing*"進步的或興隆繁茂的。
同義字：Hervey , Herve

Hayden〔'hedn̩〕海登
來源：條頓
涵意："*from the hedged town*"來自圍以樹籬的小鎮。
同義字：Haydon

Heather〔'hɛðɚ〕海茲
來源：英國中期
涵意："*flowering heath*"開花的石南（灌木）。

Henry 〔′hɛnrɪ〕亨利
來源：條頓
涵意："*ruler of the home*"管理家庭的人。

Herbert 〔′hɝbət〕赫伯特
來源：德國
涵意："*bright warrior*"著名或輝煌的戰士。

Herman 〔′hɝmən〕赫曼
來源：古德國
涵意："*soldier*"軍人。
同義字：Hermon，Armin，Ermin，Harmon

Hilary 〔′hɪlərɪ〕希拉里
來源：拉丁
涵意："*cheerful*"快樂的。此字男女通用。
同義字：Hilaire（法）

Hiram 〔′haɪrəm〕海藍
來源：希伯來
涵意："*exalted*"身份地位高尚的。

Hobart 〔′hobət，′hobɑrt〕霍伯特
來源：古德國
涵意："*bright of mind*"心中的光亮。
同義字：Hubert，Huber，Hoyt

Hogan 〔′hogɔn〕霍根
來源：愛爾蘭
涵意：永遠年輕的。

Horace 〔ˈhɑrɪs〕**賀瑞斯**

來源：拉丁

涵意：老師。

Howard 〔ˈhauəd〕**何爾德**

來源：條頓

涵意："*watchman*"看守者。

Hubert 〔ˈhjubət〕**休伯特**

來源：法國

涵意："*bright in spirit*"人格光明。

Hugh 〔hju〕**修**

來源：德國

涵意："*mind or intelligence*"理性或智力。

Hugo 〔ˈhjugo〕**雨果**

來源：拉丁

涵意："*mind or intelligence*"理性或智力。法國有位著名詩
　　　人、小說家、劇作家就叫 Hugo（1802—1885）。

Humphrey 〔ˈhʌmfrɪ〕**韓弗瑞**

來源：條頓

涵意："*supporter of peace*"和平的支持者。

Hunter 〔ˈhʌntə〕**漢特**

來源：古英國

涵意：以打獵為樂的人。

Hyman〔'haɪmən〕海曼
來源：希伯來
涵意："*life*"生命。

I

Ian〔'iən,'iɑn〕毅恩
來源：蘇格蘭
涵意：反映上帝的榮耀之人。

Ingemar〔'ɪŋəmɑr〕因吉馬
來源：條頓
涵意：名門的後代。

Ingram〔'ɪŋgrəm〕因格蘭姆
來源：古英國
涵意：指大鳥之子，智慧的象徵。

Ira〔'aɪrə〕艾勒
來源：希伯來
涵意："*the watchful*"警覺性高的人。

Isaac〔'aɪzək〕艾薩克
來源：希伯來
涵意："*laughter*"笑聲。在聖經中，Isaac是Abraham和
　　　Sarah晚年所得之子。

Isidore〔'ɪzə,dor〕依西多
來源：希臘
涵意："*gift of Isis*"（埃及豐饒女神）愛色斯的禮物。

Ivan〔'aɪvən, ɪ'vɑn〕艾凡

來源：俄國

涵意：" *gracious gift of God* "上帝仁慈的贈禮。

同義字：John

Ives〔aɪvz〕艾維斯

來源：古英國

涵意：指箭術家。

J

Jack〔dʒæk〕傑克

來源：希伯來

涵意：" *gracious gift of God* "上帝仁慈的贈禮，Jack 是 John 的暱稱。而有時候 Jack 也被當作是 Jacob 和 James 的暱稱，涵意是" *the supplanter* "取而代之者。

Jacob〔'dʒekəb〕雅各

來源：希伯來

涵意：Jacob 原是猶太人的祖先。此字有" *the supplanter* "取而代之者之意。

James〔dʒemz〕詹姆士

來源：拉丁

涵意：" *the supplanter* "取而代之者。James 是源於 Jacobus 這個字，而 Jacobus 是 Jacob 的拉丁形式。

暱稱：Jamie，Jim，Jem，Jeames

Jared〔'dʒerɪd〕傑瑞得

來源：希伯來

涵意：" *descent* "血統，出身。

Jason 〔'dʒesn̩〕傑森

來源：希臘

涵意：" *the healer* "原意是指傷口治癒的人。今代表具備豐富知識的人。

暱稱：Jase

Jay 〔dʒe〕傑

來源：古法國

涵意：代表藍樫鳥的美麗。

Jeff 〔dʒɛf〕傑夫

來源：古法國

涵意：神聖的和平。Jeff 是 Jeffrey 的暱稱。

Jeffrey 〔'dʒɛfrɪ〕傑佛瑞

來源：古法國

涵意：神聖的和平。

暱稱：Jeff

Jeremy 〔'dʒɛrəmɪ〕傑利米

來源：希伯來

涵意：" *exalted of the Lord* "上帝之崇高。

同義字：Jeremiah

Jerome 〔dʒə'rom〕哲羅姆

來源：拉丁

涵意：" *sacred name* "神聖的名字。

暱稱：Jerry

Jerry〔ˈdʒɛrɪ〕哲里
來源：拉丁
涵意："*sacred name*"神聖的名字。

Jesse〔ˈdʒɛsɪ〕賈西
來源：希伯來
涵意："*God's grace*"上帝的恩賜。
暱稱：Jess

Jim〔dʒɪm〕吉姆
來源：拉丁
涵意："*the supplanter*"取而代之者。Jim是James的暱稱。

Jo〔dʒo〕喬
來源：希伯來
涵意："He (*God*) *shall add?*"他（上帝）還會再增加（賜予）
　　　嗎？Jo和Joe都是Joseph的暱稱。
同義字：Joe

John〔dʒɑn〕約翰
來源：希伯來
涵意：來自希伯來"Yohannes"這個字，指"*gracious gift of
　　　God*"上帝仁慈的贈禮。
同義字：Juan，Jean，Hans，Johann，Jan，Sean，Shawn，
　　　　Ivan

Jonas〔ˈdʒonəs〕瓊那斯
來源：希伯來
涵意："*dove*"和平鴿。

Jonathan 〔ˈdʒɑnəθən〕**強那生**

來源：希伯來

涵意："*God has given*"上帝賜予。

同義字： Jon , Jonath

Joseph 〔ˈdʒozəf, -zɪf〕**約瑟夫**

來源：希伯來

涵意："*He（God）shall add?*"他（上帝）還會再增加（賜予）嗎？

暱稱： Joe , Jo

Joshua 〔ˈdʒɑʃʊə,ˈdʒɑʃə,we〕**喬休爾**

來源：希伯來

涵意："*the Lord saves*"上帝所援救。

暱稱： Josh

Joyce 〔dʒɔɪs〕**喬埃斯**

來源：拉丁

涵意："*Joyful*"歡喜的。此字男女通用。愛爾蘭有位世界級小說作家就叫 James Joyce 。

Julian 〔ˈdʒuljən〕**朱利安**

來源：希臘

涵意："*soft-haired*"頭髮柔軟的。也代表年青人。

同義字： Julius , Jules , Julien , Gillian

暱稱： Julia , Julie

Julius 〔ˈdʒuljəs〕**朱利斯**

來源：希臘

涵意："*soft-haired*"頭髮柔軟的。也代表年青人。

Justin〔′dʒʌstɪn〕朱斯丁

來源：拉丁

涵意：" *honest* " 誠實的 。

同義字： Justo , Justino（ 西班牙 ）； Giusto , Giustino（義）

K

Keith〔kiθ〕凱斯

來源：愛爾蘭

涵意：" *wind* " 風 。

Kelly〔′kɛlɪ〕凱利

來源：塞爾特

涵意：" *a warrior* " 戰士 。

Ken〔kɛn〕肯恩

來源：蘇格蘭

涵意：" *a handsome leader* " 一位英俊的領導者 。

Kennedy〔′kɛnədɪ〕甘廼廸

來源：愛爾蘭

涵意：武士之首 ，指領導者 。

Kenneth〔′kɛnɪθ〕肯尼士

來源：蘇格蘭

涵意：" *a handsome leader* " 一位英俊的領導者 。

同義字： Kent , Kemp , Camp

暱稱： Ken

Kent〔kɛnt〕肯特

來源：蘇格蘭

涵意："*a handsome leader*"英俊的領袖。

Kerr〔kɑr, kɝ〕科爾

來源：愛爾蘭

涵意：指持矛的黑人。

暱稱：Kerrie, Kerry

Kerwin〔'kɝwɪn〕科文

來源：愛爾蘭

涵意：指體型矮小、黑頭髮、有一雙柔和的眼睛的人。

Kevin〔'kɛvɪn〕凱文

來源：愛爾蘭

涵意：聖人；很男性化的；出身很好的。

同義字：Kev

Kim〔kɪm〕金姆

來源：英國

涵意："*one born at the royal fortress meadow*"出生皇家
　　　堡壘草地上的人。此字男女通用，是Kimberley 的暱稱。

King〔kɪŋ〕金

來源：古英國

涵意：統治者

Kirk〔kɝk, kɪrk〕科克

來源：蓋爾

涵意："*dweller by the church*"住在敎堂旁邊的人。

Kyle〔kaɪl〕凱爾
來源：威爾斯
涵意："*a narrow channel*"—狹窄的海峽（威爾斯）；"*hand-some*"英俊瀟灑的（蓋爾）。

𝓛

Lambert〔ˈlæmbət〕藍伯特
來源：古德國
涵意：聰明的治產者。

Lance〔læns, lɑns〕藍斯
來源：古法國
涵意：等待他人的人。

Larry〔ˈlærɪ〕勞瑞
來源：拉丁
涵意："*the laurel or bay tree*"月桂樹。Larry 是 Lawrence 的縮寫。

Lawrence〔ˈlɔrəns, ˈlɑrəns〕勞倫斯
來源：拉丁
涵意："*the laurel or bay tree*"月桂樹。
同義字：Laurence, Lorenzo, Lauren, Lorin, Lorry, Larkin
暱稱：Larry, Laurie

Leif〔lif, lef〕列夫
來源：古挪威
涵意：大衆情人。

Len〔lɛn〕倫恩

來源：條頓

涵意：" *strong as a lion* " 強壯的獅。

Lennon〔ˈlɛnən〕藍倫

來源：愛爾蘭

涵意：戴帽子穿斗篷，形體很瘦的人。

Leo〔ˈlio〕利奧

來源：希臘

涵意：" *lion* " 獅。

同義字：Leon , Leonis , Lionel

Leonard〔ˈlɛnəd〕倫納德

來源：條頓

涵意：Leonard 是 Leo 和 Leon 的條頓語形式。" *strong as a lion* " 強壯如獅。

暱稱：Lennie

Leopold〔ˈliəˌpold〕利奧波德

來源：德國

涵意：" *patriotic* " 有愛國心的。

暱稱：Poldie

Les〔lɛs〕勒斯

來源：塞爾特

涵意：" *from the grey fort* " 來自古老的堡壘。此字男女通用。

Lester〔'lɛstə〕里斯特

來源：英國

涵意："*a camp*"指駐紮的營地；也可以指顯赫之人。

Levi〔'livaɪ〕李維

來源：希伯來

涵意："*joining*"正聯合在一起。

Lewis〔'ljuɪs，'lʊ-〕路易斯

來源：法國

涵意："*famous in war*"在戰場上很有名氣。

同義字：Louis

Lionel〔'laɪənḷ〕賴恩內爾

來源：法國

涵意：像獅子般的。

Lou〔lu〕路

來源：法國

涵意："*famous in war*"在戰場上很有名氣。Lou是Louis的
　　　暱稱。

Louis〔'luɪ〕路易士

來源：法國

涵意："*famous in war*"在戰場上很有名氣。此字的女性名字
　　　形式是Louise。

暱稱：Lou，Louie

Lucien〔'ljuʃən〕路斯恩

來源：拉丁

涵意："*light*"光亮，眞理。

Luther 〔'luθɚ, 'lɪu-〕路德

來源：德國

涵意：" *illustrious warrior* " 傑出的戰士。

Lyle 〔laɪl〕賴爾

來源：法國

涵意：" *inhabitant of the island* " 島上之民。

Lyndon 〔'lɪndən〕林頓

來源：條頓

涵意：住在有菩提樹的地方。

Lynn 〔lɪn〕林恩

來源：英國

涵意：" *dweller by a pool* " 傍湖而居者。

ℳ

Magee 〔mə'gi〕麥基

來源：愛爾蘭

涵意：易發怒的人。

Malcolm 〔'mælkəm〕麥爾肯

來源：蘇格蘭

涵意：指傳道者。

暱稱：Mal , Colin

Mandel 〔'mændəl〕曼德爾

來源：德國

涵意：指有杏仁眼的人。

Marcus〔'mɑrkəs〕馬卡斯

來源：羅馬

涵意：指有侵略性的人。西元 161 — 180 年，羅馬有位皇帝叫
　　　Marcus Aurelius（馬克斯・奧里歐斯），他也是 Stoic
　　　學派的哲學家。

同義字：Mark

Mario〔'mɛrɪo〕馬里奧

來源：拉丁

涵意：好戰的人。

Mark〔mɑrk〕馬克

來源：拉丁

涵意：指有侵略性的人。

同義字：Marc , March , Marcus

暱稱：Marty

Marlon〔'mɑrlən〕馬倫

來源：古法國

涵意：指像小鷹或獵鷹的人。

Marsh〔mɑrʃ〕瑪希

來源：古英國

涵意：來自草木叢生的地區。

Marshall〔'mɑrʃəl〕馬歇爾

來源：英國中期

涵意：看守馬的人，君王的跟隨者。

同義字：Marshal

暱稱：Marsh

Martin〔'mɑrtɪn〕馬丁

來源：拉丁

涵意：是個屬於戰神（Mars）的名字，"*warlike*"好戰的，尚武的。女性名字的形式是Martine 或Martina 。

暱稱：Marty , Martie

Marvin〔'mɑrʊɪn〕馬文

來源：英國

涵意："*friend*"朋友。

同義字：Mervin , Merwin , Marwin , Morven , Mervyn , Irvin

Matt〔mæt〕馬特

來源：希伯來

涵意："*gift of the Lord*"上帝的贈禮。

Matthew〔'mæθju〕馬休

來源：希伯來

涵意："*gift of the Lord*"上帝的贈禮。

同義字：Matthias

暱稱：Mat(t), Matty , May

Maurice〔'mɔrɪs, 'mɑr-〕摩里斯

來源：拉丁

涵意："*dark-skinned*"黑皮膚的；"*Moorish*"摩爾人的。

同義字：Morris（英國）, Morian , Morel , Morrice

Max〔mæks〕馬克斯

來源：拉丁

涵意："*the greatest*"最偉大的。

Maximilian〔ˌmæksə'mɪleɪən,-'mɪljən〕**馬克西米蘭**

來源：拉丁

涵意：" *the greatest* "最偉大的。

同義字：Maximun（拉丁），Max

暱稱：Maxie，Maxey

Maxwell〔'mækswɛl〕**麥斯威爾**

來源：古英國

涵意：深具影響力又很值得尊敬之人。

Meredith〔'mɛrədɪθ〕**馬里帝茲**

來源：威爾斯

涵意：" *protector of the sea* "大海的保護者。

Merle〔mɝl〕**莫爾**

來源：法國

涵意：" *a blackbird* "一隻畫眉鳥。這個名字男女通用。法國
　　　人用這個名字去稱呼那些愛唱歌或愛吹哨的人。

Merlin〔'mɝlɪn〕**莫林**

來源：中世紀英國

涵意：海邊的堡壘或海邊的小山丘。

Michael〔'maɪkl̩〕**麥克**

來源：希伯來

涵意：" *who is like the Lord* "像上帝的人。

暱稱：Mike，Micky，Mick，Mitch

Michell〔'mɪtʃɪl〕**米契爾**

來源：古英國

涵意：猶如上帝的榮耀和高貴。

Mick〔mɪk〕**密克**
來源：希伯來
涵意："*who is like the Lord*"像上帝的人。

Mike〔maɪk〕**麥克**
來源：希伯來
涵意："*who is like the Lord*"像上帝的人。

Miles〔maɪlz〕**麥爾斯**
來源：德國，拉丁，希臘
涵意："*warrior or soldier*"戰士或軍人；"*millstone*"磨石；
　　　"*merciful*"仁慈的。
同義字：Myles

Milo〔'maɪlo,'mi-〕**米路**
來源：拉丁
涵意：撫養鎮民的人。

Monroe〔mən'ro〕**門羅**
來源：塞爾特
涵意："*red marsh*"紅沼澤。
同義字：Munroe , Munro

Montague〔'mɑntəgju〕**曼特裘**
來源：拉丁
涵意："*of the sharp mountain*"峭急之山脈的。

Moore〔mʊr,mor〕**莫爾**
來源：古法國
涵意：黝黑英俊的外表。

Morgan〔ˈmɔrgən〕**摩爾根**
來源：古威爾斯
涵意：指住在海邊的人。

Mortimer〔ˈmɔrtɪmæ〕**摩帝馬**
來源：法國—拉丁
涵意：" *one who dwells by the still water* "傍著靜寂的湖泊
　　　居住的人。

Morton〔ˈmɔrtn̩〕**摩頓**
來源：英國
涵意：" *from the moor village* "來自曠野之村落。
暱稱：Mort

Moses〔ˈmozɪz,-zəs〕**摩西**
來源：希伯來
涵意：" *one saved from the water* "從海中救人的人；" *child* "
　　　小孩。Moses 是以色列的先知和立法者，率領以色列人
　　　走過大海逃出埃及。
同義字：Moss，Moyes，Moyse

Murphy〔ˈmɜfɪ〕**摩菲**
來源：愛爾蘭
涵意：指捍衛海疆的人。

Murray〔ˈmɜɪ〕**莫雷**
來源：塞爾特
涵意：" *seaman* "水手。

Myron〔ˊmaɪrən〕**麥倫**

來源：希臘

涵意：" *fragrant* " 芳香的 ," *sweet* " 甜的 ，芳香的 。

N

Nat〔næt〕**納特**

來源：希伯來

涵意：" *gift* " 禮物 。Nat 是 Nathan 的暱稱 。

Nathan〔ˊneθən〕**奈登**

來源：希伯來

涵意：" *the given* " 贈予者 。在聖經中 ，Nathan 是一位偉大的
　　　先知 。

同義字：Nathon

暱稱：Natty , Nat , Nate , Than

Nathaniel〔nəˊθænjəl〕**奈賽尼爾**

來源：希伯來

涵意：" *gift of God* " 上帝的贈禮 。

Ned〔nɛd〕**奈德**

來源：英國

涵意：" *a rich guardian of property* " 一位很有錢的財產監護
　　　人 。Ned 是 Edward 的暱稱 。

Neil〔nil〕**尼爾**

來源：中世紀英國

涵意：" *the courageous one* " 勇敢的人 ；" *chief* " 領袖 ；
　　　" *champion* " 奪得錦標者 ，冠軍 。

同義字：Niel , Neal （愛爾蘭）

Nelson 〔'nɛlsṇ〕尼爾森

來源：中世紀英國

涵意：" *son* "兒子。

Newman 〔'njumən,'nu-〕紐曼

來源：古英國

涵意：受歡迎的異鄉人。

Nicholas 〔'nɪkḷəs〕尼克拉斯

來源：希臘

涵意：勝利者。

同義字：Nicky, Nikita, Niccolini, Cola, Nicklas

暱稱：Nick

Nick 〔nɪk〕尼克

來源：希臘

涵意：勝利者。Nick 是 Nicholas 的暱稱。

Nigel 〔'naɪdʒəl〕奈哲爾

來源：拉丁

涵意：黑頭髮的人。

Noah 〔'noə〕諾亞

來源：希伯來

涵意：聖經中的 Noah 是希伯來的一個族長，上帝啓示其製一方
舟，以拯救他的家人和各類動物雌雄各一，脫離洪水。
所以此字涵意可引申爲" *quiet* , *rest* , *or peace* "鎭靜
的，靜止的，或平安的。

Noel 〔 noˊɛl 〕 **諾爾**

來源：拉丁

涵意：" *birthday* "生日。原指耶穌誕生之日耶誕節。耶誕節那
　　　日出生者，可取此名。

Norman 〔 ˊnɔrmən 〕 **諾曼**

來源：古法國

涵意：" *a Northman* "北歐人，斯堪的那維亞人。

Norton 〔 ˊnɔrtn̩ 〕 **諾頓**

來源：古英國

涵意：來自南方村落的人。

暱稱：Ned

O

Ogden 〔 ˊɑgdən 〕 **歐格登**

來源：古英國

涵意：" *from the oak-tree valley* "來自橡樹流域。

Oliver 〔 ˊɑləvɚ 〕 **奧列佛**

來源：拉丁

涵意：" *man of peace* "平安的人。

同義字：Olivier （中古時代）

暱稱：Nolly , Noll , Olvan , Ollie

Omar 〔 ˊomɑr 〕 **奧瑪**

來源：阿拉伯

涵意：長子，受到先知的敎誨。

Orville 〔'ɔrvɪl〕**奧維爾**

來源：法國

涵意：" *from the gold town* "來自黃金城。

暱稱：Orvie

Osborn 〔'ɔzbən, 'ɑz-〕**奧斯本**

來源：古英國

涵意：神聖的戰士，受天賜福的人。

Oscar 〔'ɔskɚ, 'ɑs-〕**奧斯卡**

來源：條頓

涵意：" *divine spear* "神聖之矛。" *Oscar Awards* "奧斯卡金像獎，是美國電影大獎，由美國電影藝術科學院頒與每年最優的影片、演員、導演、攝影…等。

同義字：Oskar

Osmond 〔'ɑzmənd〕**奧斯蒙**

來源：古英國

涵意：受到神聖的祝福。

同義字：Osmund , Osmand

暱稱：Ozzie

Oswald 〔'ɑzwəld, 'ɑzwɔld〕**奧斯維德**

來源：古英國

涵意：神聖而有力的。

Otis 〔'otɪs〕**奧提斯**

來源：希臘

涵意：" *Keen of hearing* "聽覺敏銳。

◆我們的最大光榮不在於永不跌倒，而在於每次跌倒之後都能起來。

Otto 〔'ɑto〕**歐特**
來源：德國
涵意："*rich*" 富有的。

Owen 〔'o·ɪn, -ən〕**歐恩**
來源：拉丁，威爾斯
涵意："*a youth*" 一個青年；"*young warrior*" 年輕的戰士。
同義字：Evan

𝒫

Page 〔pedʒ〕**斐吉**
來源：希臘
涵意："*child*" 孩子。

Parker 〔'pɑrkɚ〕**派克**
來源：英國
涵意：看守公園的人。

Paddy 〔'pædɪ〕**培廸**
來源：愛爾蘭
涵意："*of noble birth*" 出身高貴的；"*patrician*" 貴族。
　　　　Paddy 是 Patrick 的暱稱，而且也是 Patrick 此字的愛爾
　　　　蘭文形式。

Pat 〔pæt〕**培特**
來源：拉丁
涵意："*of noble birth*" 出身高貴的；"*patrician*" 貴族。
　　　　Pat 是 Patrick 的暱稱。

Patrick 〔'pætrɪk〕 派翠克

來源：拉丁

涵意：" *of noble birth* "出身高貴的；" *patrician* "貴族。此
　　　字在愛爾蘭很受歡迎。

同義字：Padraic，Partridge

暱稱：Paddy，Pat，Rick，Patsy，Pate（蘇格蘭）

Paul 〔pɔl〕 保羅

來源：拉丁

涵意：" *small one* "指矮小玲瓏的人。此字的女性名字形式是
　　　Paula 或 Pauline。

同義字：Pavel（俄），Pablo（西班牙），Paola 和 Paolo（義）

Payne 〔pen〕 派恩

來源：拉丁

涵意：來自鄉村的人。

Perry 〔'pɛrɪ〕 斐瑞

來源：英國

涵意：" *the pear tree* "梨樹。

Pete 〔pit〕 皮特

來源：希臘

涵意：" *a rock or a stone* "岩石或石頭。Pete 是 Peter 的
　　　暱稱。

Peter 〔'pitɚ〕 彼得

來源：希臘

涵意：" *a rock or a stone* "岩石或石頭。

◆ 與其說富人擁有金錢，不如說金錢擁有富人。

同義字：Pierre（法），Piotr 或 Petr.（俄）

暱稱：Pete

Phil〔fɪl〕菲爾

來源：希臘

涵意：" *a lover of horses* "愛馬者。Phil 是 Philip 的暱稱。

Philip〔'fɪləp〕菲力浦

來源：希臘

涵意：" *warrior* "戰士；" *warlike* "好戰的或尚武的；" *a lover of horses* "愛馬者。

Porter〔'portɚ,'pɔr-〕波忒

來源：法國

涵意：看門人或挑夫。

Prescott〔'prɛskət〕普萊斯考特

來源：英國

涵意：" *priest's cottage* "牧師的小屋。

同義字：Preston

Primo〔'primo〕普里莫

來源：義大利

涵意：長子。

2

Quentin〔'kwɛntɪn〕昆廷

來源：法國

涵意：" *the fifth* "第五。

Quennel 〔'kwɛnəl〕 **昆尼爾**

來源：法國

涵意：住在獨立的橡樹區，有一路標。

Quincy 〔'kwɪnsɪ〕 **昆西**

來源：拉丁

涵意：" *fifth* "第五。這是拉丁文的一個數字名字。

暱稱：Quinn

Quinn 〔kwɪn〕 **昆**

來源：拉丁

涵意：" *fifth* "第五。

Quinton 〔'kwɪntən〕 **昆頓**

來源：拉丁

涵意：指第五個兒子，或第五個子孫。

<h1 style="text-align:center">𝓡</h1>

Rachel 〔'retʃəl〕 **雷奇**

來源：希伯來

涵意：" *ewe* "母羊。

Ralph 〔rælf〕 **雷爾夫**

來源：英國

涵意：" *wolf counsel* "狼的忠告或狼的智慧。此字源於古時有
　　　位戰士用狼的圖案當他的徽章。

同義字：Rolf ，Rolfe ，Randolph

Randolph 〔ˈrændɑlf, -dl̩f〕**藍道夫**

來源：英國

涵意："*wolf counsel*"狼的忠告或狼的智慧。

同義字和暱稱：Ralph, Randall, Raoul

Raymond 〔ˈremənd〕**雷蒙德**

來源：德國

涵意："*mighty protector or counselor*"強而有力的保護者或
　　　顧問。

暱稱：Ray

Reg 〔rɛdʒ〕**雷哲**

來源：古德國

涵意："*strong ruler*"有力的領導者。Reg 是 Reginald 的暱稱。

Regan 〔ˈrigən〕**雷根**

來源：愛爾蘭

涵意："*regal*"帝王的；"*king*"國王。

Reginald 〔ˈrɛdʒɪnəld〕**雷哲諾德**

來源：古德國

涵意："*strong ruler*"強而有力的領導者。

同義字：Naldo, Rinaldo, Reynold, Raynold, Ronald

暱稱：Reg, Reggi

Reuben 〔ˈrubɪn〕**魯賓**

來源：希臘

涵意："*Behold — a son!*"看！一個兒子耶！

Rex〔rɛks〕**雷克斯**

來源：拉丁

涵意：" *king* "國王

同義字：Regan , Regis

Richard〔'rɪtʃəd〕**理查**

來源：德國

涵意：" *lionhearted* "勇猛（如獅）的，大膽的。

暱稱：Dick

Robert〔'rɑbət〕**羅伯特**

來源：條頓

涵意：" *bright fame* "輝煌的名聲。

同義字：Rupert

暱稱：Rob , Bob , Nobby , Nod , Nob , Dobbin , Bert , Robin

Robin〔'rɑbɪn〕**羅賓**

來源：條頓

涵意：" *bright fame* "輝煌的名聲。

Rock〔rɑk〕**洛克**

來源：英國

涵意：原意岩石，引申為非常強壯之人。

Rod〔rɑd〕**羅德**

來源：英國

涵意：" *a road-servant* "公路服務者；" *famous* "有名氣
　　　的。Rod 是 Rodney 的暱稱。

◆ 人人抱怨自己的記憶力不佳，卻無人抱怨自己的判斷力低劣。

Roderick〔ˊrɑdərɪk〕**羅得里克**

來源：英國

涵意：" *rich in fame* " 很有名氣；" *famous ruler* " 很出名
　　　的領導者。Roderick 是 Robert 和 Richard 這兩個字的結
　　　合。

Rodney〔ˊrɑdnɪ〕**羅德尼**

來源：英國

涵意：" *a road-servant* " 公路服務者；" *famous* " 有名氣的。

暱稱：Rod , Roddy

Ron〔rɑn〕**羅恩**

來源：條頓

涵意：" *a strong or mighty ruler* " 一位強而有權勢的領導者。
　　　Ron 是 Ronald 的暱稱。

Ronald〔ˊrɑnəld〕**隆奈爾德**

來源：條頓

涵意：" *a strong or mighty ruler* " 一位強而有權勢的領導者。

暱稱：Ron

Rory〔ˊrɔrɪ〕**洛里**

來源：塞爾特

涵意：臉色紅潤，很健康的人。

Roy〔rɔɪ〕**羅伊**

來源：古英國

涵意：" *king* " 國王。

同義字：Roye

Rudolf 〔'rudɑlf〕**魯道夫**

來源：條頓

涵意："*famous wolf*"著名的狼。此字在澳洲很常用。

Rupert 〔'rupət〕**魯伯特**

來源：條頓

涵意："*bright fame*"輝煌的名聲。

同義字：Robert

Ryan 〔'raɪən〕**里安**

來源：愛爾蘭

涵意：很有潛力的國王。

S

Sam 〔sæm〕**山姆**

來源：希伯來

涵意："*the name of God*"上帝之名。Sam是Samuel的暱
　　　稱。

Sampson 〔'sæmsṇ〕**辛普生**

來源：希伯來

涵意：指有很高的智慧和力量。

Samuel 〔'sæmjʊəl〕**撒姆爾**

來源：希伯來

涵意："*the name of God*"上帝之名。Samuel在聖經中原是
　　　一位先知。

◆
象總是被畫得比實際還小；跳蚤則總是被畫得比實際還大。

Sandy 〔ˈsændɪ〕山廸

來源：拉丁

涵意：" *defender of men* "人類的防衞者。Sandy 是 Alexander
的暱稱。

Saxon 〔ˈsæksṇ〕撒克遜

來源：中世紀英國

涵意：征服他人的持劍者。

Scott 〔skɑt〕史考特

來源：英國

涵意：" *Scotsman* "蘇格蘭人。

Sean 〔ʃɔn〕辛恩

來源：愛爾蘭

涵意：是 John 的愛爾蘭語化，" *gracious gift of God* "上帝
仁慈的贈禮；所有的面均在平均之上。

Sebastian 〔sɪˈbæstʃən〕謝巴斯汀

來源：希臘

涵意：" *respected* "受尊敬的。

暱稱：Basty，Sib

Sid 〔sɪd〕錫德

來源：古英國

涵意：來自菲尼基的 Sidon。Sid 是 Sidney 的暱稱。

Sidney 〔ˈsɪdnɪ〕錫德尼

來源：古英國

涵意：來自菲尼基的 Sidon 。

暱稱：Sid

Silvester〔sɪlˈvɛstɚ〕席維斯特

來源：拉丁

涵意：來自森林。

Simon〔ˈsaɪmən〕賽門

來源：希伯來

涵意：聆聽。

Solomon〔ˈsɑləmən〕所羅門

來源：希伯來

涵意：" *peace* "和平，平安。

暱稱：Sol，Solly

Spencer〔ˈspɛnsɚ〕史賓塞

來源：英國

涵意：" *storekeeper* "店主；" *administrator* "治理者，行
　　　政官。

同義字：Spenser

Stan〔stæn〕史丹

來源：古英國

涵意：草原，牧場。Stan 是 Stanley 的暱稱。

Stanford〔ˈstænfɚd〕史丹佛

來源：古英國

涵意：來自多岩的津泊。

Stanley 〔'stænlɪ〕史丹尼

來源：古英國

涵意：草原，牧場。

◆ 暱稱：Stan

Steven 〔'stivn̩〕史蒂文

來源：拉丁，希臘

涵意：" *a crown* "一頂王冠。此字的女性名字形式是 Stephanie 和 Steffi 。

同義字：Stephen

暱稱：Steve , Stevie

Steve 〔stiv〕史蒂夫

來源：拉丁，希臘

涵意：" *a crown* "一頂王冠。Steve 是 Steven 的暱稱。

Steward 〔'stjuwəd〕史都華

來源：英國

涵意：" *a caretaker* "一個看守者或管理者。

暱稱：Stu , Stew

𝒯

Tab 〔tæb〕塔伯

來源：條頓

涵意：卓越、睿智。

Taylor 〔'telə〕泰勒

來源：英國

涵意：做裁縫的人。

Ted〔tɛd〕泰德

來源：古英國

涵意："*wealthy guardian*"有錢的監護人。

Terence〔'tɛrəns〕泰倫斯

來源：拉丁

涵意："*the smooth or tender*"溫和穩重或溫柔的人；"*the
　　　tall tower*"高塔。

同義字：Terrence , Torrance

暱稱：Terry

Theobald〔'θiə,bɔld〕希歐保特

來源：拉丁

涵意：勇敢的神。

Theodore〔'θiə,dɔr,-,dor〕希歐多爾

來源：希臘

涵意："*divine gift or gift of God*"神的贈禮或上帝的贈禮。
　　　此字的女性名字是Theodora 和Dorothy 。

同義字：Teodoro（義大利和西班牙）, Thedo , Noddy , Ned ,
　　　　Ted（以上皆為英國）。

Thomas〔'tɑməs ,,to'mɑ〕湯瑪士

來源：中世紀英國，拉丁

涵意："*sun god*"太陽之神；"*a twin*"一對孿生子。

同義字：Tomas , Thom , Toma , Thompsie

暱稱：Tom , Tomy

Tiffany〔'tɪfənɪ〕蒂芬尼

來源：法國

涵意：顯示上帝的神聖形象。

Tim〔tɪm〕提姆

來源：希臘

涵意：" to honor or fear God " 敬神或畏神。Tim 是 Timothy
的暱稱。

Timothy〔'tɪməθɪ〕提摩斯

來源：希臘

涵意：" to honor or fear God " 敬神或畏神。

暱稱：Tim , Tammy , Tad

Tobias〔to'baɪəs〕托拜西

來源：希臘

涵意：上帝便是我所信仰的神。

暱稱：Toby

Toby〔'tobɪ〕托比

來源：希臘

涵意：上帝便是我所信仰的神。Toby 這個名字男女通用，是 To-
bias 的暱稱。

Todd〔tɑd〕陶得

來源：古英國

涵意：" a fox " 一隻狐狸。指聰明狡猾的人。

同義字：Tod

Tom〔tɑm〕湯姆

來源：中世紀英國，拉丁

涵意："*a twin*"一對孿生子。"*sun god*"太陽之神。Tom 是 Thomas 的暱稱。

Tony〔'tonɪ〕湯尼

來源：拉丁

涵意："*praiseworthy*, *greatly esteemed*"值得讚美的，很 受尊重的。Tony 是 Anthony 的暱稱。

Tracy〔'tresɪ〕崔西

來源：英國

涵意："*a market path*"市場小徑。這個字男女都可以用。

Troy〔trɔɪ〕特洛伊

來源：古法國

涵意：居住於鬆髮人群裡的人。

Truman〔'trumən〕杜魯門

來源：古英國

涵意：信仰很忠誠的人。

Tyler〔'taɪlɚ〕泰勒

來源：古英國

涵意：建蓋屋頂的人，或是指製磚瓦的人。

Tyrone〔tɪ'ron, taɪ'ron〕泰倫

來源：希臘

涵意："*lord or ruler*"領主或統治者。

𝒰

Ulysses〔 juˈlɪsiz 〕尤里西斯

來源：希臘

涵意：Ulysses 是希臘傳說中 Ithaca 之王，智勇雙全。愛爾蘭級
現代小說大師 James Joyce（喬埃斯），最受歡迎的一部
小說，也叫"Ulysses"。

Upton〔 ˈʌptən 〕阿普頓

來源：古英國

涵意：來自鎮上前端的人。

Uriah〔 juˈraɪə 〕奧里亞

來源：希伯來

涵意：耶穌是光之所在。

𝒱

Valentine〔 ˈvæləntaɪn 〕范倫鐵恩

來源：拉丁

涵意："*the healthy or strong*"健康的人或強壯的人。而 Va-
lentina 是其女性名字形式。

Valentine〔 ˈvæləntaɪn 〕范倫鐵恩

來源：中世紀英國

涵意：有價值的。

Verne〔 vɛrn 〕佛維

來源：拉丁

涵意："*flourish*"茂盛。

同義字：Laverne , Vernon

Vic〔vɪk〕維克

來源：拉丁

涵意："*victor*"勝利者，"*conqueror*"征服者。

Victor〔'vɪktɚ〕維克多爾

來源：拉丁

涵意："*victor*"勝利者，"*conqueror*"征服者。

Vincent〔'vɪnsṇt〕文森特

來源：拉丁

涵意："*to conquer*"征服。

暱稱：Vin , Vinnie , Vance

Virgil〔'vɝdʒəl〕維吉爾

來源：拉丁

涵意：指春天及所有生物欣欣向榮之狀。

暱稱：Ginger , Virgie

Vito〔'vito〕維托

來源：拉丁

涵意：很活耀，氣力旺盛的人。

Vivian〔'vɪvɪən〕薇維恩

來源：拉丁

涵意："*alive*"活躍的。

W

Wade〔wed〕**維德**

來源：英國

涵意："*wanderer* "流浪者。

Walter〔'wɔltɚ,'vɑl-〕**華爾特**

來源：法國

涵意：" *to rule* "統治。

暱稱：Walt , Wat

Will〔wɪl〕**威爾**

來源：法國

涵意：" *a powerful warrior or protector* "一位強而有力的戰
士或保護者。

William〔'wɪljəm〕**威廉**

來源：法國

涵意：" *a powerful warrior or protector* "一位強而有力的戰
士或保護者。

暱稱：Bill , Billy , Will , Willy

Wordsworth〔'wɝdɪwəθ〕**渥茲華斯**

來源：英國

涵意：出身望族之人。Wordsworth 是 19 世紀英國桂冠詩人。

Walker〔'wɔkɚ〕**瓦克**

來源：古英國

涵意：在樹林中散步的人。

Walter〔'wɔltɚ,'vɑl-〕瓦特
來源：古德國
涵意：指率領軍隊的人，或有權勢的戰士。
暱稱：Walt，Wallie，Wally

Ward〔wɔrd〕華德
來源：中世紀英國
涵意：" *to protect* "保衛。

Warner〔'wɔrnɚ〕華納
來源：古德國
涵意：去抵抗侵略的人。

Wayne〔wen〕韋恩
來源：英國
涵意：" *a maker of wain* "建造馬車的人。

Webb〔wɛb〕韋勃
來源：古英國
涵意：" *a weaver* "編織者。

Webster〔'wɛbstɚ〕韋伯斯特
來源：古英國
涵意：" *a weaver* "編織者。
暱稱：Web，Webb

Wendell〔'wɛndl̩〕溫德爾
來源：條頓
涵意：" *a wanderer* "流浪者。

Werner〔'wɜnə〕韋納
來源：古德國
涵意：衞國衞邦，抵禦侵略之人。

Wilbur〔'wɪlbə〕韋爾伯
來源：古英國
涵意：種很多柳樹的城市。

William〔'wɪljəm〕威廉
來源：古德國
涵意："*a powerful warrior or protector*"強而有力的戰士
　　　或保衞者。Wilhelmina 是此字的女性名字。
同義字：Will，Bill，Billie，Wilmot，Willem

Willie〔'wɪlɪ〕威利
來源：古德國
涵意："*a powerful warrior or protector*"強而有力的戰士
　　　或保衞者。Willie 是 William 的暱稱。

Winfred〔'wɪnfrɪd, -frəd〕威弗列德
來源：威爾斯
涵意："*white wave*"白色的波浪。而在條頓，此字爲"*friend
　　　of peace*"和平的朋友，愛好和平的朋友。
暱稱：Winnie，Freddie

Winston〔'wɪnstən〕溫士頓
來源：古英國
涵意：來自朋友的市鎮或居處。
同義字：Winton

Woodrow〔'wʊdro〕**伍德洛**
來源：古挪威
涵意：居住林間小屋的人。
暱稱：Woodie , Woody

Wright〔raɪt〕**賴特**
來源：古英國
涵意：伐木工人。

Wythe〔wɪθ〕**偉茲**
來源：古法國
涵意：小戰士。

𝒳

Xavier〔'zævɪɚ , 'zevɪɚ〕**賽維爾**
來源：西班牙
涵意：新房子的主人。
同義字：Javier

𝒴

Yale〔jel〕**耶魯**
來源：古英國
涵意：來自邊陲地帶。美國有一所大學就叫 Yale University
　　　（耶魯大學），乃世界一流學府。

Yehudi〔jɛ'hudɪ〕**耶呼弟**
來源：希伯來
涵意：膜拜上帝的人。

◆ 在目前這個時代，真正的大學就是一套叢書。

York〔jɔrk〕**約克**

來源：古英國

涵意：養野豬的人。York 也是一個地名，美國賓夕法尼亞州東
　　　南部的一個城市。

Yves〔iv〕**依夫**

來源：法國

涵意：法律的守護神。

Z

Zachary〔'zækərɪ〕**賽克利**

來源：希伯來

涵意：為上帝所心儀的人。

同義字：Zachariah，Zaccheus

暱稱：Zach

Zebulon〔'zɛbjʊlən〕**紀伯倫**

來源：希伯來

涵意：代表一個居處。

暱稱：Zeb

Ziv〔zɪv〕**傑夫**

來源：古斯拉夫

同義字：到處充滿活力及快樂。

最嚴重的錯誤，莫過於不知道自己所犯的任何錯誤。

CHAPTER 2

最流行的
英文名字排行榜

⦀⦀⦀⦀美國最流行的英文名字排行榜⦀⦀⦀⦀

◇ GIRLS, 1980 年代的美國 ◇

1. *Jennifer* 珍妮佛
2. *Jessica* 傑西卡
3. *Sarah* 賽拉
4. *Melissa* 蒙莉莎
5. *Nicole* 妮可

6. *Kristin* 克莉斯汀
7. *Katherine* 凱薩琳
8. *Elizabeth* 伊莉莎白
9. *Michelle* 蜜雪兒
10. *Christina* 克莉絲汀娜

11. *Amanda* 艾曼達
12. *Amy* 艾咪
13. *Lisa* 麗莎
14. *Kimberly* 金柏莉
15. *Lauren* 羅倫

16. *Erin* 俄琳
17. *Rebecca* 麗蓓嘉
18. *Rachel* 瑞琪兒
19. *Angela* 安琪拉
20. *Andrea* 安德莉亞

21. *Kelly* 凱莉
22. *Lindsay* 琳達雪
23. *Julie* 朱麗
24. *Emily* 艾蜜莉
25. *Heather* 海姿

26. *Laura* 羅拉
27. *Jamie* 潔咪
28. *Stephanie* 史黛芬妮
29. *Sara* 莎拉
30. *Shannon* 夏龍

31. *Crystal* 克莉斯多
32. *Christine* 克莉絲汀
33. *Megan* 梅根
34. *Danielle* 丹妮莉
35. *Mary* 瑪麗

36. *Jacqueline* 賈桂琳
37. *Erica* 伊麗卡
38. *Stacey* 史黛絲
39. *Maria* 瑪麗亞
40. *Theresa* 泰蕾莎

41. *April* 艾裴莉
42. *Nina* 妮娜
43. *Tiffany* 蒂芙妮
44. *Brandy* 布蘭蒂
45. *Dana* 黛娜

46. *Renee* 蕾妮
47. *Linda* 琳達
48. *Karen* 凱琳
49. *Pamela* 潘蜜拉
50. *Candice* 坎達絲

‖‖‖‖‖‖美國最流行的英文名字排行榜‖‖‖‖‖‖

◇ GIRLS, 1970 年代的美國 ◇

1. *Michelle* 蜜雪兒
2. *Jennifer* 珍妮佛
3. *Kimberly* 金柏莉
4. *Lisa* 麗莎
5. *Tracy* 翠西

6. *Kelly* 凱莉
7. *Nicole* 妮可
8. *Angela* 安琪拉
9. *Pamela* 潘蜜拉
10. *Christine* 克莉絲汀

11. *Dawn* 黛恩
12. *Amy* 艾咪
13. *Deborah* 黛博拉
14. *Karen* 凱琳
15. *Julie* 朱麗

16. *Mary* 瑪麗
17. *Laura* 蘿拉
18. *Stacey* 史坦黛
19. *Catherine* 凱薩琳
20. *Lori* 蘿瑞

21. *Tammy* 泰蜜
22. *Elizabeth* 伊莉莎白
23. *Shannon* 雪倫
24. *Stephanie* 史黛芬妮
25. *Kristin* 克莉斯汀

26. *Heather* 海姿
27. *Susan* 蘇珊
28. *Sandra* 仙朵拉
29. *Denise* 丹妮絲
30. *Theresa* 泰蕾莎

31. *Christina* 克莉絲汀娜
32. *Tina* 蒂娜
33. *Cynthia* 辛西亞
34. *Melissa* 蒙莉莎
35. *Patricia* 派翠西亞

36. *Renee* 蕾妮
37. *Cheryl* 綺兒
38. *Sherry* 雪莉
39. *Donna* 唐娜
40. *Erica* 伊麗卡

41. *Rachel* 瑞琪兒
42. *Sharon* 雪倫
43. *Linda* 琳達
44. *Barbara* 芭芭拉
45. *Jacqueline* 賈桂琳

46. *Rhonda* 瓏達
47. *Andrea* 安德莉亞
48. *Rebecca* 麗蓓嘉
49. *Wendy* 溫蒂
50. *Maria* 瑪麗亞

║║║║║║║ 美國最流行的英文名字排行榜 ║║║║║║║

◇ GIRLS，1960 年代的美國◇

1. *Mary* 瑪麗
2. *Deborah* 黛博拉
3. *Karen* 凱倫
4. *Susan* 蘇珊
5. *Linda* 琳達

6. *Patricia* 派翠西亞
7. *Kimberly* 金柏莉
8. *Catherine* 凱薩琳
9. *Cynthia* 辛西亞
10. *Lori* 蘿瑞

11. *Kathleen* 凱絲琳
12. *Sandra* 仙朵拉
13. *Nancy* 南茜
14. *Cheryl* 綺兒
15. *Denise* 丹妮絲

16. *Pamela* 潘蜜拉
17. *Donna* 唐娜
18. *Carol*(e) 卡洛
19. *Lisa* 麗莎
20. *Michella* 蜜雪兒

21. *Diane* 黛安娜
22. *Sharon* 雪倫
23. *Barbara* 芭芭拉
24. *Laura* 羅拉
25. *Theresa* 泰蕾莎

26. *Julie* 朱麗
27. *Elizabeth* 伊莉莎白
28. *Janet* 珍尼特
29. *Lynn*(e) 琳
30. *Margaret* 瑪格麗特

31. *Christine* 克莉絲汀
32. *Brenda* 布倫黛
33. *Ann*(e) 安妮
34. *Suzanne* 蘇善
35. *Angela* 安琪拉

36. *Renee* 蕾妮
37. *Sherry* 雪莉
38. *Jacqueline* 賈桂琳
39. *Sheila* 希拉
40. *Judith* 朱蒂絲

41. *Carolyn* 卡洛琳
42. *Darlene* 達蓮
43. *Marie* 瑪麗
44. *Robin* 蘿比
45. *Beverly* 比茉莉

46. *Andrea* 安德莉亞
47. *Colleen* 珂琳
48. *Anne Marie* 安瑪麗
49. *Kathy* 凱絲
50. *Kim* 金

||||||||||||美國最流行的英文名字排行榜||||||||||||

◇ GIRLS，1950 年代的美國◇

1. *Linda* 琳達
2. *Mary* 瑪麗
3. *Patricia* 派翠西亞
4. *Susan* 蘇珊
5. *Deborah* 黛博拉

6. *Kathleen* 凱絲琳
7. *Barbara* 芭芭拉
8. *Nancy* 南茜
9. *Sharon* 雪倫
10. *Karen* 凱倫

11. *Carol*(e) 卡洛
12. *Sandra* 仙朵拉
13. *Diane* 黛安娜
14. *Catherine* 凱薩琳
15. *Christine* 克莉絲汀

16. *Cynthia* 辛西亞
17. *Donna* 唐娜
18. *Judith* 朱蒂絲
19. *Margaret* 瑪格麗特
20. *Janice* 珍尼絲

21. *Janet* 珍尼特
22. *Pamela* 潘蜜拉
23. *Gail* 佳爾
24. *Cheryl* 綺兒
25. *Suzanne* 蘇善

26. *Manlyn* 曼琳
27. *Brenda* 布倫黛
28. *Beverly* 比茉莉
29. *Carolyn* 卡洛琳
30. *Ann*(e) 安

31. *Shirley* 雪莉
32. *Jacqueline* 賈桂琳
33. *Joanne* 瓊安
34. *Lynn*(e) 琳
35. *Marcia* 瑪西亞

36. *Denise* 丹妮絲
37. *Gloria* 葛羅瑞亞
38. *Joyce* 喬伊絲
39. *Kathy* 凱絲
40. *Elizabeth* 伊莉莎白

41. *Laura* 羅拉
42. *Darlene* 達蓮
43. *Theresa* 泰蕾莎
44. *Joan* 瓊
45. *Elaine* 伊蓮

46. *Michelle* 蜜雪兒
47. *Judy* 朱蒂
48. *Diana* 黛安娜
49. *Frances* 法蘭西絲
50. *Maureen* 穆琳

||||||||||美國最流行的英文名字排行榜 ||||||||||

◇ GIRLS，1940 年代的美國◇

1. *Mary* 瑪麗
2. *Patricia* 派翠西亞
3. *Barbara* 芭芭拉
4. *Judith* 朱蒂絲
5. *Carol*(e) 卡洛

6. *Sharon* 雪倫
7. *Nancy* 南茜
8. *Joan* 瓊
9. *Sandra* 仙朵拉
10. *Margaret* 瑪格麗特

11. *Beverly* 比茉莉
12. *Shirley* 雪莉
13. *Linda* 琳達
14. *Diane* 黛安娜
15. *Janet* 珍尼特

16. *Joanne* 瓊安
17. *Joyce* 喬伊絲
18. *Marilyn* 曼琳
19. *Catherine* 凱薩琳
20. *Kathleen* 凱絲琳

21. *Carolyn* 卡洛琳
22. *Ann*(e) 安
23. *Dorothy* 桃樂西
24. *Elizabeth* 伊莉莎白
25. *Geraldine* 嬌拉汀

26. *Donna* 唐娜
27. *Susan* 蘇珊
28. *Gloria* 葛羅瑞亞
29. *Karen* 凱倫
30. *Betty* 貝蒂

31. *Dolores* 多洛莉絲
32. *Elaine* 伊蓮
33. *Virginia* 維琴妮亞
34. *Helen* 海倫
35. *Phyllis* 菲麗絲

36. *Rose* 羅絲
37. *Jacqueline* 賈桂琳
38. *Suzanne* 蘇善
39. *Brenda* 布倫黛
40. *Frances* 法蘭西絲

41. *Ruth* 露絲
42. *Alice* 愛麗絲
43. *Janice* 珍尼絲
44. *Marlene* 瑪琳
45. *Arlene* 艾蓮

46. *Sally* 莎莉
47. *Christine* 克莉絲汀
48. *Gail* 佳爾
49. *Jean* 琴
50. *Marie* 瑪麗亞

‖‖‖‖‖‖‖美國最流行的英文名字排行榜‖‖‖‖‖‖‖

◇ GIRLS，1930 年代的美國◇

1. *Mary* 瑪麗
2. *Barbara* 芭芭拉
3. *Dorothy* 桃樂西
4. *Betty* 貝蒂
5. *Ruth* 露絲

6. *Margaret* 瑪格麗特
7. *Helen* 海倫
8. *Elizabeth* 伊莉莎白
9. *Jean* 琴
10. *Ann(e)* 安

11. *Patricia* 派翠西亞
12. *Shirley* 雪莉
13. *Virginia* 維琴妮亞
14. *Nancy* 南茜
15. *Joan* 瓊

16. *Martha* 瑪莎
17. *Marion* 瑪麗安
18. *Doris* 多莉絲
19. *Frances* 法蘭西絲
20. *Marjorie* 瑪喬麗

21. *Marilyn* 瑪瑞琳
22. *Alice* 愛麗絲
23. *Eleanor* 伊琳諾
24. *Catherine* 凱薩琳
25. *Lois* 璐薏絲

26. *Jane* 珍
27. *Phyllis* 菲麗絲
28. *Florence* 弗羅倫絲
29. *Mildred* 繆德莉
30. *Carol(e)* 卡洛

31. *Carolyn* 卡洛琳
32. *Marie* 瑪麗亞
33. *Norma* 諾瑪
34. *Anna* 安娜
35. *Louise* 璐薏絲

36. *Beverly* 比茉莉
37. *Janet* 珍尼特
38. *Sarah* 賽拉
39. *Evelyn* 伊芙琳
40. *Edith* 伊蒂絲

41. *Jacqueline* 賈桂琳
42. *Lorraine* 洛倫
43. *Grace* 葛瑞絲
44. *Ethel* 愛瑟兒
45. *Gloria* 葛羅瑞亞

46. *Laura* 羅拉
47. *Audrey* 奧德莉
48. *Esther* 艾絲特
49. *Joanne* 瓊安
50. *Sally* 莎莉

‖‖‖‖‖‖‖‖ 美國最流行的英文名字排行榜 ‖‖‖‖‖‖‖‖

◇ GIRLS，1900 年代的美國 ◇

1. *Mary* 瑪麗
2. *Ruth* 露絲
3. *Helen* 海倫
4. *Margaret* 瑪格麗特
5. *Elizabeth* 伊莉莎白

6. *Dorothy* 桃樂西
7. *Catherine* 凱薩琳
8. *Mildred* 繆德莉
9. *Frances* 法蘭西絲
10. *Alice* 愛麗絲

11. *Marion* 瑪麗安
12. *Anna* 安娜
13. *Sarah* 賽拉
14. *Gladys* 葛萊蒂絲
15. *Grace* 葛瑞絲

16. *Lillian* 麗蓮
17. *Florence* 弗羅倫絲
18. *Virginia* 維琴妮亞
19. *Edith* 伊蒂絲
20. *Lucy* 露西

21. *Clara* 克萊拉
22. *Doris* 多莉絲
23. *Marjorie* 瑪喬麗
24. *Annie* 安妮
25. *Louise* 璐薏絲

26. *Martha* 瑪莎
27. *Ann(e)* 安
28. *Blanche* 布蘭姬
29. *Eleanor* 伊琳諾
30. *Emma* 艾瑪

31. *Hazel* 海柔
32. *Esther* 艾絲特
33. *Ethel* 愛瑟兒
34. *Laura* 羅拉
35. *Marie* 瑪麗

36. *Julia* 朱麗亞
37. *Beatrice* 碧翠絲
38. *Gertrude* 嬌楚
39. *Alma* 艾瑪
40. *Mabel* 瑪貝爾

41. *Minnie* 蜜妮
42. *Pauline* 寶琳
43. *Rose* 羅絲
44. *Fanny* 芬妮
45. *Agnes* 愛格妮絲

46. *Carrie* 凱麗
47. *Edna* 伊德娜
48. *Evelyn* 伊芙琳
49. *Harriet* 哈莉特
50. *Ida* 愛達

‖‖‖‖‖‖‖ 美國最流行的英文名字排行榜 ‖‖‖‖‖‖‖

◇ GIRLS，1880 年代的美國 ◇

1. *Mary* 瑪麗
2. *Anna* 安娜
3. *Elizabeth* 伊莉莎白
4. *Emma* 艾瑪
5. *Alice* 愛麗絲

6. *Edith* 伊蒂絲
7. *Florence* 弗羅倫絲
8. *May* 玫
9. *Helen* 海倫
10. *Katherine* 凱薩琳

11. *Grace* 葛瑞絲
12. *Sarah* 賽拉
13. *Ella* 葉拉
14. *Clara* 克萊拉
15. *Mabel* 瑪貝爾

16. *Margaret* 瑪格麗特
17. *Ida* 愛達
18. *Jennie* 珍妮
19. *Lillian* 麗蓮
20. *Annie* 安妮

21. *Edna* 伊德娜
22. *Gertrude* 嬌楚
23. *Bertha* 貝莎
24. *Laura* 羅拉
25. *Minnie* 蜜妮

26. *Blanche* 布蘭姬
27. *Bessie* 貝絲
28. *Elsie* 愛喜
29. *Emily* 艾蜜莉
30. *Martha* 瑪莎

31. *Nellie* 乃麗
32. *Marie* 瑪麗
33. *Lillie* 莉麗
34. *Ethel* 愛瑟兒
35. *Lulu* 璐露

36. *Carrie* 凱麗
37. *Amelia* 艾蜜莉雅
38. *Agnes* 愛格妮絲
39. *Frances* 法蘭西絲
40. *Harriet* 哈莉特

41. *Louisa* 璐薏絲
42. *Maud* 穆德
43. *Ada* 艾達
44. *Lucy* 露西
45. *Rose* 羅絲

46. *Stella* 史黛拉
47. *Pauline* 寶琳
48. *Rebecca* 麗蓓嘉
49. *Alma* 艾瑪
50. *Esther* 艾絲特

|||||||||| 美國最流行的英文名字排行榜 ||||||||||

◇ BOYS, 1980 年代的美國 ◇

1. *Michael* 麥克
2. *Jason* 傑森
3. *Matthew* 馬休
4. *Christopher* 克里斯多夫
5. *David* 大衞

6. *Brian* 布萊恩
7. *Robert* 羅伯特
8. *Daniel* 丹尼爾
9. *Steven* 史蒂文
10. *James* 詹姆士

11. *Ryan* 里安
12. *Joseph* 約瑟夫
13. *John* 約翰
14. *Nicholas* 尼克拉斯
15. *Eric* 艾利克

16. *Jeffrey* 傑佛瑞
17. *Justin* 朱斯丁
18. *Mark* 馬克
19. *Andrew* 安德魯
20. *Kevin* 凱文

21. *Adam* 亞當
22. *William* 威廉
23. *Anthony* 安東尼
24. *Joshua* 喬休爾
25. *Thomas* 湯瑪士

26. *Scott* 史考特
27. *Jonathan* 强那生
28. *Jeremy* 傑利米
29. *Paul* 保羅
30. *Sean* 辛恩

31. *Timothy* 提摩斯
32. *Richard* 理查
33. *Aaron* 阿倫
34. *Brandon* 布蘭度恩
35. *Benjamin* 班傑明

36. *Charles* 查爾斯
37. *Kenneth* 肯尼士
38. *Patrick* 派翠克
39. *Alexander* 亞歷山大
40. *Bradley* 布蘭德里

41. *Donald* 唐納德
42. *Peter* 彼得
43. *Phillip* 菲力浦
44. *Alan* 亞倫
45. *Edward* 愛德華

46. *Nathan* 奈登
47. *Gregory* 葛列格里
48. *Jacob* 雅各
49. *Jared* 傑瑞得
50. *Douglas* 道格拉斯

‖‖‖‖‖‖‖美國最流行的英文名字排行榜‖‖‖‖‖‖‖

◇ BOYS，1970 年代的美國 ◇

1. *Michael* 麥克
2. *Robert* 羅伯特
3. *David* 大衞
4. *James* 詹姆士
5. *John* 約翰

6. *Jeffrey* 傑佛瑞
7. *Steven* 史蒂文
8. *Christopher* 克里斯多夫
9. *Brian* 布萊恩
10. *Mark* 馬克

11. *William* 威廉
12. *Eric* 艾利克
13. *Kevin* 凱文
14. *Scott* 史考特
15. *Joseph* 約瑟夫

16. *Daniel* 丹尼爾
17. *Thomas* 湯瑪士
18. *Anthony* 安東尼
19. *Richard* 理查
20. *Charles* 查爾斯

21. *Kenneth* 肯尼士
22. *Matthew* 馬休
23. *Jason* 傑森
24. *Paul* 保羅
25. *Timothy* 提摩斯

26. *Sean* 辛恩
27. *Gregory* 葛列格里
28. *Ronald* 隆奈爾德
29. *Todd* 陶得
30. *Edward* 愛德華

31. *Derrick* 戴里克
32. *Keith* 凱斯
33. *Patrick* 派翠克
34. *Darryl* 達瑞爾
35. *Dennis* 丹尼斯

36. *Andrew* 安德魯
37. *Donald* 唐納德
38. *Gary* 蓋里
39. *Allen* 亞倫
40. *Douglas* 道格拉斯

41. *George* 喬治
42. *Marcus* 馬卡斯
43. *Raymond* 雷蒙德
44. *Peter* 彼得
45. *Gerald* 吉羅德

46. *Frank* 法蘭克
47. *Jonathan* 强那生
48. *Lawrence* 勞倫斯
49. *Aaron* 阿倫
50. *Philip* 菲力浦

|||||||||| 美國最流行的英文名字排行榜 ||||||||||

◇ BOYS，1960 年代的美國◇

1. *Michael* 麥克
2. *David* 大衛
3. *Robert* 羅伯特
4. *James* 詹姆士
5. *John* 約翰

6. *Mark* 馬克
7. *Steven* 史蒂文
8. *Thomas* 湯瑪士
9. *William* 威廉
10. *Joseph* 約瑟夫

11. *Kevin* 凱文
12. *Richard* 理查
13. *Kenneth* 肯尼士
14. *Jeffrey* 傑佛瑞
15. *Timothy* 提摩斯

16. *Daniel* 丹尼爾
17. *Brian* 布萊恩
18. *Paul* 保羅
19. *Ronald* 隆奈爾德
20. *Gregory* 葛列格里

21. *Anthony* 安東尼
22. *Donald* 唐納德
23. *Charles* 查爾斯
24. *Christopher* 克里斯多夫
25. *Keith* 凱斯

26. *Edward* 愛德華
27. *Dennis* 丹尼斯
28. *Gary* 蓋里
29. *Lawrence* 勞倫斯
30. *Patrick* 派翠克

31. *Scott* 史考特
32. *Darryl* 達瑞爾
33. *Gerald* 吉羅德
34. *Craig* 克萊格
35. *Douglas* 道格拉斯

36. *Alan* 阿倫
37. *George* 喬治
38. *Dwayne* 戴維恩
39. *Peter* 彼得
40. *Matthew* 馬休

41. *Philip* 菲利浦
42. *Andrew* 安得魯
43. *Bruce* 布魯斯
44. *Frank* 法蘭克
45. *Raymond* 雷蒙德

46. *Eric* 艾利克
47. *Carl* 卡爾
48. *Randall* 藍道爾
49. *Martin* 馬丁
50. *Larry* 勞瑞

‖‖‖‖‖‖ 美國最流行的英文名字排行榜 ‖‖‖‖‖‖

◇ BOYS，1950 年代的美國 ◇

1. *Robert* 羅伯特
2. *Michael* 麥克
3. *James* 詹姆士
4. *John* 約翰
5. *David* 大衞

6. *William* 威廉
7. *Thomas* 湯瑪士
8. *Richard* 理查
9. *Gary* 蓋里
10. *Charles* 查爾斯

11. *Ronald* 隆奈爾德
12. *Dennis* 丹尼斯
13. *Steven* 史蒂文
14. *Kenneth* 肯尼士
15. *Joseph* 約瑟夫

16. *Mark* 馬克
17. *Daniel* 丹尼爾
18. *Paul* 保羅
19. *Donald* 唐納德
20. *Gregory* 葛列格里

21. *Larry* 勞瑞
22. *Lawrence* 勞倫斯
23. *Timothy* 提摩斯
24. *Alan* 阿倫
25. *Edward* 愛德華

26. *Gerald* 吉羅德
27. *Douglas* 道格拉斯
28. *George* 喬治
29. *Frank* 法蘭克
30. *Patrick* 派翠克

31. *Anthony* 安東尼
32. *Philip* 菲利浦
33. *Raymond* 雷蒙德
34. *Bruce* 布魯斯
35. *Jeffrey* 傑佛瑞

36. *Brian* 布萊恩
37. *Peter* 彼得
38. *Frederick* 腓特烈
39. *Roger* 羅吉爾
40. *Carl* 卡爾

41. *Dale* 德爾
42. *Walter* 瓦特
43. *Christopher* 克里斯多夫
44. *Martin* 馬丁
45. *Craig* 克萊格

46. *Arthur* 亞瑟
47. *Andrew* 安德魯
48. *Jerome* 哲羅姆
49. *Leonard* 倫納德
50. *Henry* 亨利

美國最流行的英文名字排行榜

◇ BOYS，1940 年代的美國◇

1. *Robert* 羅伯特
2. *James* 詹姆士
3. *John* 約翰
4. *William* 威廉
5. *Richard* 理查

6. *Thomas* 湯瑪士
7. *David* 大衛
8. *Ronald* 隆奈爾德
9. *Donald* 唐納德
10. *Michael* 麥克

11. *Charles* 查爾斯
12. *Joseph* 約瑟夫
13. *Gerald* 吉羅德
14. *Kenneth* 肯尼士
15. *Lawrence* 勞倫斯

16. *Edward* 愛德華
17. *George* 喬治
18. *Paul* 保羅
19. *Dennis* 丹尼斯
20. *Gary* 蓋里

21. *Raymond* 雷蒙德
22. *Daniel* 丹尼斯
23. *Frank* 法蘭克
24. *Larry* 勞瑞
25. *Carl* 卡爾

26. *Frederick* 腓特烈
27. *Allen* 亞倫
28. *Walter* 瓦特
29. *Anthony* 安東尼
30. *Ralph* 雷爾夫

31. *Philip* 菲力浦
32. *Leonard* 倫納德
33. *Harold* 哈樂德
34. *Stephen* 史蒂文
35. *Roger* 羅吉爾

36. *Norman* 諾曼
37. *Arthur* 亞瑟
38. *Jack* 傑克
39. *Peter* 彼得
40. *Henry* 亨利

41. *Jerome* 哲羅姆
42. *Douglas* 道格拉斯
43. *Patrick* 派翠克
44. *Eugene* 尤金
45. *Jerry* 哲里

46. *Louis* 路易士
47. *Harry* 哈里
48. *Francis* 法蘭西斯
49. *Howard* 何爾德
50. *Bruce* 布魯斯

‖‖‖‖‖‖‖美國最流行的英文名字排行榜‖‖‖‖‖‖‖

◇ BOYS，1930 年代的美國◇

1. *Robert* 羅伯特
2. *John* 約翰
3. *William* 威廉
4. *James* 詹姆士
5. *Charles* 查爾斯

6. *Richard* 理查
7. *George* 喬治
8. *Donald* 唐納德
9. *Joseph* 約瑟夫
10. *Edward* 愛德華

11. *Thomas* 湯瑪士
12. *David* 大衛
13. *Frank* 法蘭克
14. *Harold* 哈樂德
15. *Arthur* 亞瑟

16. *Jack* 傑克
17. *Paul* 保羅
18. *Kenneth* 肯尼士
19. *Walter* 瓦特
20. *Raymond* 雷蒙德

21. *Carl* 卡爾
22. *Albert* 艾伯特
23. *Henry* 亨利
24. *Harry* 哈里
25. *Francis* 法蘭西斯

26. *Ralph* 雷爾夫
27. *Eugene* 尤金
28. *Howard* 何爾德
29. *Lawrence* 勞倫斯
30. *Louis* 路易士

31. *Alan* 亞倫
32. *Norman* 諾曼
33. *Gerald* 吉羅德
34. *Herbert* 赫伯特
35. *Fred* 腓特烈

36. *Earl* 俄爾
37. *Philip* 菲力浦
38. *Stanley* 史丹尼
39. *Daniel* 丹尼爾
40. *Leonard* 倫納德

41. *Marvin* 馬文
42. *Frederick* 腓特烈
43. *Anthony* 安東尼
44. *Samuel* 撒姆爾
45. *Bernard* 伯納

46. *Edwin* 愛德溫
47. *Alfred* 阿佛烈
48. *Russell* 羅素
49. *Warren* 華倫
50. *Ernest* 歐尼斯特

|||||||||| 美國最流行的英文名字排行榜 ||||||||||

◇ BOYS，1900 年代的美國◇

1. *John* 約翰
2. *William* 威廉
3. *Charles* 查爾斯
4. *Robert* 羅伯特
5. *Joseph* 約瑟夫

6. *James* 詹姆士
7. *George* 喬治
8. *Samuel* 撒姆爾
9. *Thomas* 湯瑪士
10. *Arthur* 亞瑟

11. *Harry* 哈里
12. *Edward* 愛德華
13. *Henry* 亨利
14. *Walter* 瓦特
15. *Louis* 路易士

16. *Paul* 保羅
17. *Ralph* 雷爾夫
18. *Carl* 卡爾
19. *Frank* 法蘭克
20. *Raymond* 雷蒙德

21. *Francis* 法蘭西斯
22. *Frederick* 弗雷德里克
23. *Albert* 艾伯特
24. *Benjamin* 班傑明
25. *David* 大衛

26. *Harold* 哈樂德
27. *Howard* 何爾德
28. *Fred* 弗雷德
29. *Richard* 理查
30. *Clarence* 克拉倫斯

31. *Herbert* 赫伯特
32. *Jacob* 雅各
33. *Ernest* 歐尼斯特
34. *Jack* 傑克
35. *Herman* 赫曼

36. *Philip* 菲力浦
37. *Stanley* 史丹尼
38. *Donald* 唐納德
39. *Earl* 俄爾
40. *Elmer* 艾爾馬

41. *Nathan* 奈登
42. *Eugene* 尤金
43. *Ray* 雷伊
44. *Roy* 羅伊
45. *Sydney* 錫德尼

46. *Abraham* 亞伯拉罕
47. *Edwin* 愛德溫
48. *Lawrence* 勞倫斯
49. *Leonard* 倫納德
50. *Norman* 諾曼

美國最流行的英文名字排行榜

◇ BOYS，1880 年代的美國 ◇

1. *William* 威廉	26. *Paul* 保羅
2. *John* 約翰	27. *Ernest* 歐尼斯特
3. *Charles* 查爾斯	28. *Jacob* 雅各
4. *Harry* 哈里	29. *Ralph* 雷爾夫
5. *James* 詹姆士	30. *Qscar* 奧斯卡
6. *George* 喬治	31. *Andrew* 安德魯
7. *Frank* 法蘭克	32. *Carl* 卡爾
8. *Robert* 羅伯特	33. *Francis* 法蘭西斯
9. *Joseph* 約瑟夫	34. *Harold* 哈樂德
10. *Thomas* 湯瑪士	35. *Allen* 亞倫
11. *Walter* 瓦特	36. *Herman* 赫曼
12. *Edward* 愛德華	37. *Warren* 華倫
13. *Samuel* 撒姆爾	38. *Benjamin* 班傑明
14. *Henry* 亨利	39. *Eugene* 尤金
15. *Arthur* 亞瑟	40. *Herbert* 赫伯特
16. *Albert* 艾伯特	41. *Lewis* 路易士
17. *Louis* 路易士	42. *Maurice* 摩里斯
18. *David* 大衞	43. *Richard* 理查
19. *Frederick* 弗雷德里克	44. *Clifford* 柯利弗德
20. *Clarence* 克拉倫斯	45. *Earl*（e）俄爾
21. *Alexander* 亞歷山大	46. *Edgar* 愛德格
22. *Fred* 弗雷德	47. *Elmer* 艾爾馬
23. *Howard* 何爾德	48. *Guy* 蓋
24. *Alfred* 阿佛列	49. *Isaac* 艾薩克
25. *Edwin* 愛德溫	50. *Stanley* 史丹尼

║║║║║║║║英國最流行的英文名字排行榜║║║║║║║║║

◇ GIRLS , 1980年代的英國◇

1. *Sarah* 莎拉	26. *Hayley* 海麗
2. *Emma* 伊瑪	27. *Lucy* 露西
3. *Claire* 克萊兒	28. *Samantha* 莎曼
4. *Kelly* 凱莉	29. *Amy* 艾咪
5. *Rebecca* 麗蓓嘉	30. *Donna* 唐娜
6. *Gemma* 姬瑪	31. *Zoe* 若伊
7. *Rachel* 瑞琪兒	32. *Caroline* 卡洛琳
8. *Lisa* 麗莎	33. *Charlotte* 夏綠蒂
9. *Victoria* 維多莉亞	34. *Elizabeth* 伊莉莎白
10. *Laura* 羅拉	35. *Stacey* 史坦絲
11. *Catherine* 凱薩琳	36. *Karen* 凱琳
12. *Nicola* 妮可	37. *Anna* 安
13. *Michelle* 蜜雪兒	38. *Julie* 朱莉
14. *Joanne* 瓊安	39. *Kirsty* 柯絲蒂
15. *Lindsay* 琳達雪	40. *Stephanie* 史蒂芬妮
16. *Louise* 璐薏絲	41. *Alison* 艾莉森
17. *Natalie* 娜特莉	42. *Joanna* 瓊安娜
18. *Helen* 海倫	43. *Jodie* 喬蒂
19. *Katie* 凱蒂	44. *Vicki* 維琪
20. *Leanne* 蓮妮	45. *Angela* 安琪拉
21. *Kerry* 凱瑞	46. *Carly* 卡莉
22. *Jennifer* 珍妮佛	47. *Deborah* 黛博拉
23. *Amanda* 艾曼達	48. *Fiona* 法爾娜
24. *Tracy* 翠西	49. *Jessica* 傑西卡
25. *Hannah* 漢娜	50. *Melanie* 馬蓮妮

‖‖‖‖‖‖ 英國最流行的英文名字排行榜 ‖‖‖‖‖‖‖

◇ GIRLS，1970 年代的英國 ◇

1. *Claire* 克萊兒
2. *Sarah* 賽拉
3. *Nicola* 妮可拉
4. *Emma* 艾瑪
5. *Joanne* 瓊安

6. *Helen* 海倫
7. *Rachel* 瑞琪兒
8. *Lisa* 麗莎
9. *Rebecca* 麗蓓嘉
10. *Karen* 凱倫

11. *Michelle* 蜜雪兒
12. *Victoria* 維多莉亞
13. *Catherine* 凱薩琳
14. *Amanda* 艾曼達
15. *Trac(e)y* 翠西

16. *Samantha* 莎曼莎
17. *Kelly* 凱莉
18. *Deborah* 黛博拉
19. *Julie* 朱麗
20. *Louise* 璐薏絲

21. *Sharon* 夏倫
22. *Donna* 唐娜
23. *Kerry* 凱瑞
24. *Zoe* 若伊
25. *Melanie* 瑪蓮妮

26. *Alison* 艾莉森
27. *Caroline* 卡洛琳
28. *Lyndsey* 琳雪
29. *Jennifer* 珍妮佛
30. *Angela* 安琪拉

31. *Susan* 蘇珊
32. *Hayley* 海麗
33. *Dawn* 黛恩
34. *Joanna* 瓊安娜
35. *Lucy* 露西

36. *Natalie* 娜特莉
37. *Charlotte* 夏綠蒂
38. *Andrea* 安德莉亞
39. *Laura* 羅拉
40. *Paula* 寶拉

41. *Marie* 瑪麗
42. *Teresa* 黛麗莎
43. *Elizabeth* 伊莉莎白
44. *Suzanne* 蘇珊娜
45. *Kirsty* 柯絲蒂

46. *Sally* 莎莉
47. *Tina* 蒂娜
48. *Jane* 珍
49. *Ann(e)* 安
50. *Jacqueline* 賈桂琳

▓▓▓▓▓▓ 英國最流行的英文名字排行榜 ▓▓▓▓▓▓

◇ GIRLS，1960 年代的英國 ◇

1. *Trac(e)y* 翠西
2. *Deborah* 黛博拉
3. *Julie* 朱麗
4. *Karen* 凱琳
5. *Susan* 蘇珊

6. *Alison* 艾莉森
7. *Jacqueline* 賈桂琳
8. *Helen* 海倫
9. *Amanda* 艾曼達
10. *Sharon* 雪倫

11. *Sarah* 賽拉
12. *Joanne* 珍妮
13. *Jane* 珍
14. *Catherine* 凱薩琳
15. *Angela* 安琪拉

16. *Linda* 琳達
17. *Carol* 卡洛
18. *Diane* 黛安娜
19. *Wendy* 溫蒂
20. *Beverley* 比茉莉

21. *Caroline* 卡洛琳
22. *Dawn* 黛恩
23. *Nicola* 妮可拉
24. *Michelle* 蜜雪兒
25. *Sally* 莎莉

26. *Claire* 克萊兒
27. *Sandra* 仙朵拉
28. *Lorraine* 洛倫
29. *Janet* 珍尼特
30. *Gillian* 姬蓮

31. *Elizabeth* 伊莉莎白
32. *Paula* 寶拉
33. *Donna* 唐娜
34. *Jennifer* 珍妮佛
35. *Lesley* 雷思麗

36. *Louise* 璐薏絲
37. *Ann* 安
38. *Andrea* 安德莉亞
39. *Mandy* 曼蒂
40. *Elaine* 伊蓮

41. *Denise* 丹妮絲
42. *Christine* 克莉絲汀
43. *Teresa* 黛麗莎
44. *Maria* 瑪麗亞
45. *Melanie* 瑪蓮妮

46. *Julia* 朱麗亞
47. *Lisa* 麗莎
48. *Tina* 蒂娜
49. *Margaret* 瑪格麗特
50. *Lynn* 琳

|||||||||||| 英國最流行的英文名字排行榜 ||||||||||||

◇ GIRLS，1950 年代的英國◇

1. *Susan* 蘇珊
2. *Linda* 琳達
3. *Christine* 克莉絲汀
4. *Margaret* 瑪格麗特
5. *Carol* 卡洛

6. *Jennifer* 珍妮佛
7. *Janet* 珍尼特
8. *Patricia* 派翠西亞
9. *Barbara* 芭芭拉
10. *Ann* 安

11. *Sandra* 仙朵拉
12. *Pamela* 潘蜜拉
13. *Pauline* 寶琳
14. *Jean* 琴
15. *Jacqueline* 賈桂琳

16. *Kathleen* 凱絲琳
17. *Sheila* 希拉
18. *Valerie* 范倫
19. *Maureen* 穆琳
20. *Gillian* 姬蓮

21. *Marilyn* 馬蓮琳
22. *Mary* 瑪麗
23. *Elizabeth* 伊莉沙白
24. *Lesley* 雷思麗
25. *Catherine* 凱薩琳

26. *Brenda* 布倫黛
27. *Wendy* 溫蒂
28. *Angela* 安琪拉
29. *Rosemary* 露絲瑪麗
30. *Shirley* 雪莉

31. *Diane* 黛安娜
32. *Joan* 瓊
33. *Jane* 珍
34. *Lynne* 琳
35. *Irene* 艾琳

36. *Janice* 珍尼絲
37. *Elaine* 伊蓮
38. *Heather* 海姿
39. *Marion* 瑪麗安
40. *June* 朱恩

41. *Eileen* 愛琳
42. *Denise* 丹妮絲
43. *Doreen* 多琳
44. *Judith* 朱蒂絲
45. *Sylvia* 西維亞

46. *Helen* 海倫
47. *Yvonne* 伊芳
48. *Hilary* 希拉瑞
49. *Dorothy* 桃樂西
50. *Joyce* 喬伊絲

英國最流行的英文名字排行榜

◇ GIRLS，1920 年代的英國 ◇

1. *Joan* 瓊
2. *Mary* 瑪麗
3. *Joyce* 喬伊絲
4. *Margaret* 瑪格麗特
5. *Dorothy* 桃樂西

6. *Doris* 多莉絲
7. *Kathleen* 凱絲琳
8. *Irene* 艾琳
9. *Betty* 貝蒂
10. *Eileen* 愛琳

11. *Doreen* 多琳
12. *Lilian* 麗蓮
13. *Vera* 維拉
14. *Jean* 琴
15. *Marjorie* 瑪喬麗

16. *Barbara* 芭芭拉
17. *Edna* 伊德娜
18. *Gladys* 葛萊蒂絲
19. *Audrey* 奧德莉
20. *Elsie* 愛喜

21. *Florence* 弗羅倫絲
22. *Hilda* 希爾達
23. *Winifred* 溫妮費德
24. *Olive* 奧麗芙
25. *Violet* 維爾莉特

26. *Elizabeth* 伊莉莎白
27. *Edith* 伊蒂絲
28. *Ivy* 艾薇
29. *Peggy* 珮姬
30. *Phyllis* 菲麗絲

31. *Evelyn* 伊芙琳
32. *Iris* 艾莉絲
33. *Annie* 安妮
34. *Rose* 羅絲
35. *Beryl* 白麗兒

36. *Lily* 莉莉
37. *Muriel* 繆麗兒
38. *Sheila* 希拉
39. *Ethel* 愛瑟兒
40. *Alice* 愛麗絲

41. *Constance* 康絲登斯
42. *Ellen* 愛倫
43. *Gwendoline* 關德琳
44. *Patricia* 派翠西亞
45. *Sylvia* 西維亞

46. *Nora* 娜拉
47. *Pamela* 潘蜜拉
48. *Eliza* 伊莉莎
49. *Jessie* 傑西
50. *Mabel* 瑪貝爾

||||||||||| 英國最流行的英文名字排行榜 |||||||||||

◇ GIRLS，1900 年代的英國 ◇

1. *Florence* 弗羅倫絲
2. *Mary* 瑪麗
3. *Alice* 愛麗絲
4. *Annie* 安妮
5. *Elsie* 愛喜

6. *Edith* 伊蒂絲
7. *Elizabeth* 伊莉莎白
8. *Doris* 多莉絲
9. *Dorothy* 桃樂西
10. *Ethel* 艾歇爾

11. *Gladys* 葛萊蒂絲
12. *Lilian* 麗蓮
13. *Hilda* 希爾達
14. *Margaret* 瑪格麗特
15. *Winifred* 溫妮費德

16. *Lily* 莉莉
17. *Ellen* 愛倫
18. *Ada* 艾達
19. *Emily* 艾蜜莉
20. *Violet* 維爾莉特

21. *Rose* 羅絲
22. *Sarah* 賽拉
23. *Nellie* 乃麗
24. *May* 玫
25. *Beatrice* 碧翠絲

26. *Gertrude* 姬楚
27. *Ivy* 艾薇
28. *Mabel* 瑪貝爾
29. *Jessie* 傑西
30. *Maud* 穆德

31. *Eva* 伊娃
32. *Agnes* 愛格妮絲
33. *Jane* 珍
34. *Evelyn* 伊芙琳
35. *Frances* 法蘭西絲

36. *Kathleen* 凱絲琳
37. *Clara* 克萊拉
38. *Olive* 奧麗芙
39. *Amy* 艾咪
40. *Catherine* 凱薩琳

41. *Grace* 葛瑞絲
42. *Emma* 艾瑪
43. *Nora* 娜拉
44. *Louisa* 璐薏絲
45. *Minnie* 蜜妮

46. *Lucy* 露西
47. *Daisy* 黛西
48. *Eliza* 伊莉莎
49. *Phyllis* 菲麗絲
50. *Ann* 安

英國最流行的英文名字排行榜

◇ GIRLS，1870 年代的英國 ◇

1. *Mary* 瑪麗
2. *Elizabeth* 伊莉莎白
3. *Sarah* 賽拉
4. *Annie* 安妮
5. *Alice* 愛麗絲

6. *Florence* 弗羅倫絲
7. *Emily* 艾蜜莉
8. *Edith* 伊蒂絲
9. *Ellen* 愛倫
10. *Ada* 艾達

11. *Margaret* 瑪格麗特
12. *Ann* 安
13. *Emma* 艾瑪
14. *Jane* 珍
15. *Eliza* 伊莉莎

16. *Louisa* 璐薏絲
17. *Clara* 克萊拉
18. *Martha* 瑪莎
19. *Harriet* 哈莉特
20. *Hannah* 漢娜

21. *Kate* 凱特
22. *Frances* 法蘭西斯
23. *Charlotte* 夏綠蒂
24. *Lilly* 莉莉
25. *Ethel* 愛瑟兒

26. *Lucy* 露西
27. *Rose* 羅絲
28. *Agnes* 愛格妮絲
29. *Minnie* 蜜妮
30. *Fanny* 芬妮

31. *Caroline* 卡洛琳
32. *Amy* 艾咪
33. *Jessie* 傑西
34. *Eleanor* 伊琳諾
35. *Catherine* 凱薩琳

36. *Maria* 瑪麗亞
37. *Gertrude* 姬楚
38. *Isabella* 伊莎蓓拉
39. *Maud* 穆德
40. *Laura* 羅拉

41. *Lilian* 麗蓮
42. *Amelia* 艾蜜莉雅
43. *Esther* 艾絲特
44. *Beatrice* 碧翠絲
45. *Bertha* 貝莎

46. *Susannah* 蘇珊娜
47. *Lizzie* 麗茲
48. *Henrietta* 漢妮特
49. *Nelly* 乃麗
50. *Rebecca* 麗蓓嘉

||||||||||| 英國最流行的英文名字排行榜 |||||||||||

◇ GIRLS，1850 年代的英國 ◇

1. *Mary* 瑪麗
2. *Elizabeth* 伊莉莎白
3. *Sarah* 賽拉
4. *Ann* 安
5. *Eliza* 伊莉莎

6. *Jane* 珍
7. *Emma* 艾瑪
8. *Hannah* 漢娜
9. *Ellen* 愛倫
10. *Martha* 瑪莎

11. *Emily* 艾蜜莉
12. *Harriet* 哈莉特
13. *Alice* 愛麗絲
14. *Margaret* 瑪格麗特
15. *Maria* 瑪麗亞

16. *Louisa* 璐薏絲
17. *Fanny* 芬妮
18. *Caroline* 卡洛琳
19. *Charlotte* 夏綠蒂
20. *Susannah* 蘇珊娜

21. *Frances* 法蘭西絲
22. *Catherine* 凱薩琳
23. *Amelia* 艾蜜莉雅
24. *Lucy* 露西
25. *Clara* 克萊拉

26. *Esther* 艾絲特
27. *Betsy* 貝琪
28. *Isabella* 伊莎蓓拉
29. *Eleanor* 伊琳諾
30. *Matilda* 瑪蒂爾妲

31. *Sophia* 蘇菲亞
32. *Susan* 蘇珊
33. *Rebecca* 麗蓓嘉
34. *Anna* 安娜
35. *Agnes* 愛格妮絲

36. *Rachel* 瑞琪兒
37. *Julia* 朱麗亞
38. *Rose* 羅絲
39. *Selina* 瑟琳娜
40. *Kate* 凱特

41. *Nancy* 南茜
42. *Phoebe* 菲碧
43. *Annie* 安妮
44. *Lydia* 莉底亞
45. *Ruth* 露絲

46. *Priscilla* 普莉絲拉
47. *Rosanna* 羅莎娜
48. *Jessie* 傑西
49. *Amy* 艾咪
50. *Grace* 葛瑞絲

‖‖‖‖‖‖‖ 英國最流行的英文名字排行榜 ‖‖‖‖‖‖‖

◇ GIRLS，1800 年代的英國 ◇

1. *Mary* 瑪麗
2. *Ann* 安
3. *Elizabeth* 伊莉莎白
4. *Sarah* 賽拉
5. *Jane* 珍

6. *Hannah* 漢娜
7. *Susan* 蘇珊
8. *Martha* 瑪莎
9. *Margaret* 瑪格麗特
10. *Charlotte* 夏綠蒂

11. *Harriet* 哈莉特
12. *Betty* 貝蒂
13. *Maria* 瑪麗亞
14. *Catherine* 凱薩琳
15. *Frances* 法蘭西絲

16. *Mary Ann* 瑪麗安
17. *Nancy* 南茜
18. *Rebecca* 麗蓓嘉
19. *Alice* 愛麗絲
20. *Ellen* 愛倫

21. *Sophia* 蘇菲亞
22. *Lucy* 露西
23. *Isabel* 伊莎蓓
24. *Eleanor* 伊琳諾
25. *Esther* 艾絲特

26. *Fanny* 芬妮
27. *Eliza* 伊莉莎
28. *Grace* 葛瑞絲
29. *Sally* 莎莉
30. *Rachel* 瑞琪兒

31. *Lydia* 莉底亞
32. *Caroline* 卡洛琳
33. *Dorothy* 桃樂西
34. *Peggy* 珮姬
35. *Ruth* 露絲

36. *Kitty* 吉蒂
37. *Jenny* 珍妮
38. *Phoebe* 菲碧
39. *Agnes* 愛格妮絲
40. *Emma* 艾瑪

41. *Amy* 艾咪
42. *Jemima* 傑咪瑪
43. *Dinah* 黛娜
44. *Barbara* 芭芭拉
45. *Joan* 瓊

46. *Joanna* 瓊安娜
47. *Deborah* 黛博拉
48. *Judith* 朱蒂絲
49. *Bridget* 布麗姬特
50. *Marjorie* 瑪喬麗

‖‖‖‖‖‖‖英國最流行的英文名字排行榜‖‖‖‖‖‖‖‖

◇ GIRLS，1700 年代的英國◇

1. *Mary* 瑪麗
2. *Elizabeth* 伊莉莎白
3. *Ann* 安
4. *Sarah* 賽拉
5. *Jane* 珍

6. *Margaret* 瑪格麗特
7. *Susan* 蘇珊
8. *Martha* 瑪莎
9. *Hannah* 漢娜
10. *Catherine* 凱薩琳

11. *Alice* 愛麗絲
12. *Frances* 法蘭西絲
13. *Eleanor* 伊琳諾
14. *Dorothy* 桃樂西
15. *Rebecca* 麗蓓嘉

16. *Isabel* 伊莎蓓
17. *Grace* 葛瑞絲
18. *Joan* 瓊
19. *Rachel* 瑞琪兒
20. *Agnes* 愛格妮絲

21. *Ellen* 愛倫
22. *Maria* 瑪麗亞
23. *Lydia* 莉底亞
24. *Ruth* 露絲
25. *Deborah* 黛博拉

26. *Judith* 朱蒂絲
27. *Esther* 艾絲特
28. *Joanna* 瓊安娜
29. *Amy* 艾咪
30. *Marjorie* 瑪喬麗

31. *Phoebe* 菲碧
32. *Jenny* 珍妮
33. *Barbara* 芭芭拉
34. *Bridget* 布麗姬特
35. *Fanny* 芬妮

36. *Lucy* 露西
37. *Betty* 貝蒂
38. *Eliza* 伊莉莎
39. *Nancy* 南茜
40. *Emma* 艾瑪

41. *Charlotte* 夏綠蒂
42. *Dinah* 黛娜
43. *Sally* 莎莉
44. *Harriet* 哈莉特
45. *Jemima* 傑咪瑪

46. *Kitty* 吉蒂
47. *Mary Ann* 瑪麗安
48. *Caroline* 卡洛琳
49. *Peggy* 珮姬
50. *Sophia* 蘇菲亞

|||||||||| 英國最流行的英文名字排行榜 ||||||||||

◇ BOYS，1980 年代的英國 ◇

1. *Andrew* 安德魯
2. *David* 大衞
3. *Daniel* 丹尼爾
4. *Christopher* 克里斯多夫
5. *Stephen* 史蒂文

6. *Matthew* 馬休
7. *Paul* 保羅
8. *James* 詹姆士
9. *Mark* 馬克
10. *Michael* 麥克

11. *Adam* 亞當
12. *Richard* 理查
13. *Darren* 達倫
14. *Robert* 羅勃特
15. *Lee* 李

16. *Benjamin* 班傑明
17. *Jonathan* 强那生
18. *Martin* 馬丁
19. *Philip* 菲利浦
20. *Gareth* 蓋勒斯

21. *Anthony* 安東尼
22. *Nicholas* 尼克拉斯
23. *Craig* 克萊格
24. *Thomas* 湯瑪士
25. *Kevin* 凱文

26. *Peter* 彼得
27. *Stuart* 史都華
28. *Neil* 尼爾
29. *Dean* 迪恩
30. *Shaun* 史恩

31. *Simon* 賽門
32. *Gary* 蓋里
33. *John* 約翰
34. *Carl* 卡爾
35. *Alan* 亞倫

36. *Wayne* 韋恩
37. *Ian* 毅恩
38. *Jamie* 傑米
39. *Timothy* 提摩斯
40. *Gavin* 蓋文

41. *William* 威廉
42. *Alexander* 亞歷山大
43. *Ryan* 里安
44. *Jason* 傑森
45. *Graham* 葛雷恩

46. *Oliver* 奧列佛
47. *Russell* 羅素
48. *Scott* 史考特
49. *Adrian* 亞德里恩
50. *Damien* 達米恩

‖‖‖‖‖‖ 英國最流行的英文名字排行榜 ‖‖‖‖‖‖

◇ BOYS，1970 年代的英國 ◇

1. *Stephen* 史蒂文
2. *Mark* 馬克
3. *Paul* 保羅
4. *Andrew* 安德魯
5. *David* 大衞

6. *Richard* 理查
7. *Matthew* 馬休
8. *Daniel* 丹尼爾
9. *Christopher* 克里斯多夫
10. *Darren* 達倫

11. *Michael* 麥克
12. *James* 詹姆士
13. *Robert* 羅伯特
14. *Simon* 賽門
15. *Jason* 傑森

16. *Stuart* 史都華
17. *Neil* 尼爾
18. *Lee* 李
19. *Jonathan* 強那生
20. *Ian* 毅恩

21. *Nicholas* 尼克拉斯
22. *Gary* 蓋里
23. *Craig* 克萊格
24. *Martin* 馬丁
25. *John* 約翰

26. *Carl* 卡爾
27. *Philip* 菲力浦
28. *Kevin* 凱文
29. *Benjamin* 班傑明
30. *Peter* 彼得

31. *Wayne* 韋恩
32. *Adam* 亞當
33. *Anthony* 安東尼
34. *Alan* 亞倫
35. *Graham* 葛雷恩

36. *Adrian* 亞德里恩
37. *Colin* 柯林
38. *Scott* 史考特
39. *Timothy* 提摩斯
40. *Barry* 巴利

41. *William* 威廉
42. *Dean* 狄恩
43. *Jamie* 傑米
44. *Nathan* 奈登
45. *Justin* 朱斯丁

46. *Damian* 戴米恩
47. *Thomas* 湯瑪士
48. *Joseph* 約瑟夫
49. *Alexander* 亞歷山大
50. *Nigel* 奈維爾

‖‖‖‖‖‖‖ 英國最流行的英文名字排行榜 ‖‖‖‖‖‖‖

◇ BOYS，1960 年代的英國 ◇

1. *Paul* 保羅
2. *David* 大衞
3. *Andrew* 安德魯
4. *Stephen* 史蒂文
5. *Mark* 馬克

6. *Michael* 麥克
7. *Ian* 毅恩
8. *Gary* 蓋里
9. *Robert* 羅伯特
10. *Richard* 理查

11. *Peter* 彼得
12. *John* 約翰
13. *Anthony* 安東尼
14. *Christopher* 克里斯多夫
15. *Darren* 達倫

16. *Kevin* 凱文
17. *Martin* 馬丁
18. *Simon* 賽門
19. *Philip* 菲力浦
20. *Graham* 葛雷恩

21. *Colin* 柯林
22. *Adrian* 亞德里恩
23. *Nigel* 奈維爾
24. *Alan* 亞倫
25. *Neil* 尼爾

26. *Jonathan* 強那生
27. *Nicholas* 尼克拉斯
28. *Stuart* 史都華
29. *Timothy* 提摩斯
30. *Wayne* 韋恩

31. *Brian* 布萊恩
32. *James* 詹姆士
33. *Carl* 卡爾
34. *Jeffrey* 傑佛瑞
35. *Barry* 巴利

36. *Dean* 廸恩
37. *Matthew* 馬休
38. *William* 威廉
39. *Keith* 凱斯
40. *Julian* 朱利安

41. *Trevor* 特雷弗爾
42. *Roger* 羅吉爾
43. *Russell* 羅素
44. *Derek* 德立克
45. *Lee* 李

46. *Clive* 克萊夫
47. *Jeremy* 傑利米
48. *Patrick* 派翠克
49. *Daniel* 丹尼爾
50. *Kenneth* 肯尼士

|||||||||| 英國最流行的英文名字排行榜 ||||||||||

◇ BOYS，1950 年代的英國◇

1. *David* 大衞
2. *John* 約翰
3. *Peter* 彼得
4. *Michael* 麥克
5. *Alan* 亞倫

6. *Robert* 羅伯特
7. *Stephen* 史蒂文
8. *Paul* 保羅
9. *Brian* 布萊恩
10. *Graham* 葛雷恩

11. *Philip* 菲力浦
12. *Anthony* 安東尼
13. *Colin* 科林
14. *Christopher* 克里斯多夫
15. *Geoffrey* 傑佛瑞

16. *William* 威廉
17. *James* 詹姆士
18. *Keith* 凱斯
19. *Terence* 泰倫斯
20. *Barry* 巴利

21. *Malcolm* 麥爾肯
22. *Richard* 理查
23. *Ian* 毅恩
24. *Derek* 德立克
25. *Roger* 羅吉爾

26. *Raymond* 雷蒙德
27. *Kenneth* 肯尼士
28. *Andrew* 安德魯
29. *Trevor* 特雷弗爾
30. *Martin* 馬丁

31. *Kevin* 凱文
32. *Ronald* 隆奈爾德
33. *Leslie* 勒斯里
34. *Charles* 理查
35. *George* 喬治

36. *Thomas* 湯瑪士
37. *Nigel* 奈維爾
38. *Stuart* 史都華
39. *Edward* 愛德華
40. *Gordon* 戈登

41. *Roy* 羅伊
42. *Dennis* 丹尼爾
43. *Neil* 尼爾
44. *Laurence* 勞倫斯
45. *Clive* 克萊夫

46. *Eric* 艾利克
47. *Frederick* 弗雷德里克
48. *Patrick* 派翠克
49. *Robin* 羅賓
50. *Donald* 唐納德

‖‖‖‖‖‖ 英國最流行的英文名字排行榜 ‖‖‖‖‖‖

◇ BOYS，1930 年代的英國 ◇

1. *John* 約翰
2. *William* 威廉
3. *George* 喬治
4. *James* 詹姆士
5. *Ronald* 隆奈爾德

6. *Robert* 羅伯特
7. *Kenneth* 肯尼士
8. *Frederick* 弗雷德里克
9. *Thomas* 湯瑪士
10. *Albert* 艾伯特

11. *Eric* 艾利克
12. *Edward* 愛德華
13. *Arthur* 亞瑟
14. *Charles* 查爾斯
15. *Leslie* 勒斯里

16. *Sidney* 錫德尼
17. *Frank* 法蘭克
18. *Peter* 彼得
19. *Dennis* 丹尼斯
20. *Joseph* 約瑟夫

21. *Alan* 亞倫
22. *Stanley* 史丹尼
23. *Ernest* 歐尼斯特
24. *Harold* 哈樂德
25. *Norman* 諾曼

26. *Raymond* 雷蒙德
27. *Leonard* 倫納德
28. *Alfred* 阿弗列
29. *Harry* 哈里
30. *Donald* 唐納德

31. *Reginald* 雷哲諾德
32. *Roy* 羅伊
33. *Derek* 德立克
34. *Henry* 亨利
35. *Geoffrey* 傑佛瑞

36. *David* 大衛
37. *Gordon* 戈登
38. *Herbert* 赫伯特
39. *Walter* 瓦特
40. *Cyril* 西瑞爾

41. *Jack* 傑克
42. *Richard* 理查
43. *Douglas* 道格拉斯
44. *Maurice* 摩里斯
45. *Bernard* 伯納

46. *Gerald* 吉羅德
47. *Brian* 布萊恩
48. *Victor* 維克多爾
49. *Wilfred* 威爾佛烈德
50. *Francis* 法蘭西斯

|||||||||||| 英國最流行的英文名字排行榜||||||||||||

◇BOYS，1900 年代的英國◇

1. *William* 威廉
2. *John* 約翰
3. *George* 喬治
4. *Thomas* 湯瑪士
5. *Charles* 查爾斯

6. *Frederick* 弗雷德里克
7. *Arthur* 亞瑟
8. *James* 詹姆士
9. *Albert* 艾伯特
10. *Ernest* 歐尼斯特

11. *Robert* 羅伯特
12. *Henry* 亨利
13. *Alfred* 阿佛列
14. *Sidney* 錫德尼
15. *Joseph* 約瑟夫

16. *Harold* 哈樂德
17. *Harry* 哈里
18. *Frank* 法蘭克
19. *Walter* 瓦特
20. *Herbert* 赫伯特

21. *Edward* 愛德華
22. *Percy* 勃西
23. *Richard* 理查
24. *Samuel* 撒姆爾
25. *Leonard* 倫納德

26. *Stanley* 史丹尼
27. *Reginald* 雷哲諾德
28. *Francis* 法蘭西斯
29. *Fred* 弗雷德
30. *Cecil* 塞西爾

31. *Wilfred* 威爾佛列德
32. *Horace* 賀瑞斯
33. *Cyril* 西瑞爾
34. *David* 大衛
35. *Norman* 諾曼

36. *Eric* 艾利克
37. *Victor* 維克多爾
38. *Edgar* 愛德格
39. *Leslie* 勒斯里
40. *Bertie* 博蒂

41. *Edwin* 愛德溫
42. *Donald* 唐納德
43. *Benjamin* 班傑明
44. *Hector* 赫克德
45. *Jack* 傑克

46. *Percival* 伯爾西佛
47. *Clifford* 柯利弗德
48. *Alexander* 亞歷山大
49. *Baden* 貝頓
50. *Bernard* 伯納

‖‖‖‖‖‖‖‖ 英國最流行的英文名字排行榜 ‖‖‖‖‖‖‖‖

◇ BOYS，1870 年代的英國 ◇

1. *William* 威廉
2. *John* 約翰
3. *George* 喬治
4. *Thomas* 湯瑪士
5. *James* 詹姆士

6. *Henry* 亨利
7. *Charles* 查爾斯
8. *Frederick* 弗雷德里克
9. *Arthur* 亞瑟
10. *Joseph* 約瑟夫

11. *Albert* 艾伯特
12. *Alfred* 阿佛列
13. *Walter* 瓦特
14. *Harry* 哈里
15. *Edward* 愛德華

16. *Robert* 羅伯特
17. *Ernest* 歐尼斯特
18. *Herbert* 赫伯特
19. *Sidney* 錫德尼
20. *Samuel* 撒姆爾

21. *Frank* 法蘭克
22. *Richard* 理查
23. *Fred* 弗雷德
24. *Francis* 法蘭西斯
25. *David* 大衞

26. *Percy* 勃西
27. *Edwin* 艾德溫
28. *Alexander* 亞歷山大
29. *Peter* 彼得
30. *Tom* 湯姆

31. *Benjamin* 班傑明
32. *Harold* 哈樂德
33. *Daniel* 丹尼爾
34. *Isaac* 艾薩克
35. *Edgar* 愛德格

36. *Matthew* 馬休
37. *Philip* 菲力浦
38. *Stephen* 史蒂文
39. *Andrew* 安德魯
40. *Sam* 山姆

41. *Abraham* 亞伯拉罕
42. *Christopher* 克里斯多夫
43. *Oliver* 奧列佛
44. *Willie* 威利
45. *Alan* 亞倫

46. *Bertram* 布特萊姆
47. *Horace* 賀瑞斯
48. *Leonard* 倫納德
49. *Ralph* 雷爾夫
50. *Reginald* 雷哲諾德

||||||||||||||| 英國最流行的英文名字排行榜 |||||||||||||||

◇ BOYS，1850 年代的英國◇

1. *William* 威廉
2. *John* 約翰
3. *George* 喬治
4. *Thomas* 湯瑪士
5. *James* 詹姆士

6. *Henry* 亨利
7. *Charles* 查爾斯
8. *Joseph* 約瑟夫
9. *Robert* 羅伯特
10. *Samuel* 撒姆爾

11. *Edward* 愛德華
12. *Frederick* 弗雷德里克
13. *Alfred* 阿佛列
14. *Richard* 理查
15. *Walter* 瓦特

16. *Arthur* 亞瑟
17. *Benjamin* 班傑明
18. *David* 大衞
19. *Edwin* 艾德溫
20. *Albert* 艾伯特

21. *Francis* 法蘭西斯
22. *Daniel* 丹尼爾
23. *Sidney* 錫德尼
24. *Harry* 哈里
25. *Philip* 菲力浦

26. *Isaac* 艾薩克
27. *Herbert* 赫伯特
28. *Peter* 彼得
29. *Alexander* 亞歷山大
30. *Frank* 法蘭克

31. *Matthew* 馬休
32. *Stephen* 史蒂文
33. *Tom* 湯姆
34. *Abraham* 亞伯拉罕
35. *Elijah* 伊萊哲

36. *Jacob* 雅各
37. *Jonathan* 強那生
38. *Joshua* 喬休爾
39. *Edmund* 愛德蒙
40. *Hugh* 修

41. *Josiah* 喬瑟
42. *Reuben* 魯賓
43. *Amos* 阿摩斯
44. *Christopher* 克里斯多夫
45. *Eli* 愛里

46. *Ralph* 雷爾夫
47. *Andrew* 安德魯
48. *Horace* 賀瑞斯
49. *Jesse* 賈西
50. *Moses* 摩西

||||||||| 英國最流行的英文名字排行榜 |||||||||

◇ BOYS，1800 年代的英國 ◇

1. *William* 威廉
2. *John* 約翰
3. *Thomas* 湯瑪士
4. *James* 詹姆士
5. *George* 喬治

6. *Joseph* 約瑟夫
7. *Richard* 理查
8. *Henry* 亨利
9. *Robert* 羅勃特
10. *Charles* 查爾斯

11. *Samuel* 撒姆爾
12. *Edward* 愛德華
13. *Benjamin* 班傑明
14. *Isaac* 艾薩克
15. *Peter* 彼得

16. *Daniel* 丹尼爾
17. *David* 大衛
18. *Francis* 法蘭西斯
19. *Stephen* 史蒂文
20. *Jonathan* 強那生

21. *Christopher* 克里斯多夫
22. *Matthew* 馬休
23. *Edmund* 愛德蒙
24. *Philip* 菲力普
25. *Abraham* 亞伯拉罕

26. *Mark* 馬克
27. *Michael* 麥克
28. *Ralph* 雷爾夫
29. *Jacob* 雅各
30. *Andrew* 安德魯

31. *Moses* 摩西
32. *Nicholas* 尼克拉斯
33. *Anthony* 安東尼
34. *Luke* 路克
35. *Simon* 賽門

36. *Josiah* 喬瑟
37. *Timothy* 提摩斯
38. *Martin* 馬丁
39. *Nathaniel* 奈登爾
40. *Roger* 洛格

41. *Walter* 瓦特
42. *Aaron* 阿倫
43. *Jeremy* 傑利米
44. *Joshua* 喬休爾
45. *Alexander* 亞歷山大

46. *Adam* 亞當
47. *Hugh* 修
48. *Laurence* 勞倫斯
49. *Owen* 歐文
50. *Harry* 哈里

||||||||||||| 英國最流行的英文名字排行榜 |||||||||||||

◇ BOYS，1700 年代的英國◇

1. *John* 約翰
2. *William* 威廉
3. *Thomas* 湯瑪士
4. *Richard* 理查
5. *James* 詹姆士

6. *Robert* 羅勃特
7. *Joseph* 約瑟夫
8. *Edward* 愛德華
9. *Henry* 亨利
10. *George* 喬治

11. *Samuel* 撒姆爾
12. *Francis* 法蘭西斯
13. *Charles* 查爾斯
14. *Daniel* 丹尼爾
15. *Benjamin* 班傑明

16. *Edmund* 愛德蒙
17. *Matthew* 馬休
18. *Peter* 彼得
19. *Nicholas* 尼克拉斯
20. *Isaac* 艾薩克

21. *Christopher* 克里斯多夫
22. *Abraham* 亞伯拉罕
23. *Stephen* 史蒂文
24. *Jonathan* 強那生
25. *Philip* 菲力普

26. *Michael* 麥克
27. *Hugh* 修
28. *Joshua* 喬休爾
29. *Anthony* 安東尼
30. *Ralph* 雷爾夫

31. *Andrew* 安德魯
32. *David* 大衞
33. *Simon* 賽門
34. *Roger* 洛格
35. *Alexander* 亞歷山大

36. *Jacob* 雅各
37. *Laurence* 勞倫斯
38. *Moses* 摩西
39. *Nathaniel* 奈登爾
40. *Walter* 瓦特

41. *Aaron* 阿倫
42. *Jeremy* 傑利米
43. *Owen* 歐恩
44. *Mark* 馬克
45. *Timothy* 提摩斯

46. *Adam* 亞當
47. *Martin* 馬丁
48. *Josiah* 喬瑟
49. *Luke* 路克
50. *Harry* 哈理

世界名著

- *Bible* 聖經
- *Divine Comedy* 神曲
  Alightieri Dante 但丁
- *Hamlet* 哈姆雷特
  William Shakespeare 莎士比亞
- *Ulysses* 尤里西斯
  James Joyce 喬埃斯
- *A Portrait of the Artist as a Young Man* 年輕藝術家的畫像
  James Joyce 喬埃斯
- *Genshi Monogatali* 源氏物語
  Mulaski Sikibu 紫氏部
- *The Canterbury Tales* 坎特伯里故事
  Geoffrey Chaucer 喬叟
- *Faust* 浮士德
  Johann Wolfgang von Goethe 哥德
- *Agamemnon* 阿格曼農
  Aeschylus 艾斯奇特斯
- *Don Quixote de la Mancha* 唐・吉訶德
  Miguel de Cervantes 塞萬提斯
- *The Iliad* 伊里亞德
  Homer 荷馬
- *Death in Venice* 威尼斯之死
  Thomas Mann 湯瑪士・曼
- *The Great Gatsby* 大亨小傳
  E. Scott Fitzgerald 費滋傑羅
- *Mythology* 布臘羅馬神話
- *The Death of Ivan Ilych* 伊凡伊里奇之死
  Leo Tolstoy 托爾斯泰

- *Gulliver's Travels* 格列佛遊記
  Jonathan Swift 史威夫特
- *The Old Man and the Sea* 老人與海
  Ernest Hemingway 海明威
- *Waiting for Godot* 等待果陀
  Samuel Beckett 貝克特
- *The Waste Land* 荒原
  T.S. Eliot 艾略特
- *King Lear* 李爾王
  William Shakespeare 莎士比亞
- *The Dream of the Red Chamber* 紅樓夢
  Ts'ao Hsüeh-ch'in 曹雪芹
- *Analects of Confucius* 論語
  Confucius 孔子
- *Catcher in the Rye* 麥田捕手
  J.D. Salinger 沙林傑
- *Wealth of Nation* 國富論
  Adam Smith 亞當斯密
- *Civilization and Its Discontents, On Dreams* 夢的解析
  Sigmund Freud 佛洛伊德
- *The Spirit of Capitalism* 資本主義精神
  Max Weber 韋伯
- *Thus Spoke Zarathustra* 查拉圖斯特拉如是說
  Nietzsche 尼采
- *The Social Contract* 民約論
  Jean-Jacques Rousseau 盧梭

CHAPTER 3

全球重要人物的
英文名字

全球重要領袖、新聞人物英文名字一覽表

✦ 各國領袖、政治人物 ✦

George W. Bush 布希（美國總統）

Colin L. Powell 包威爾（美國國務卿）

Vladimir Putin 普汀（俄羅斯聯邦總理）

Gloria Macapacal-Arroyo 阿羅約（菲律賓總統）

Jacques Chirac 克里地安（法國總理）

Kiichi Miyazawa 小泉純一郎（日本首相）

Gerhard Schroeder 施羅德（德國總理）

Ariel Sharon 沙龍（以色列總理）

Jean Chrétien 克里地安（加拿大總理）

Fidel Castro Ruiz 卡斯楚（古巴頭子）

Elizabeth II 伊莉莎白二世（英國女王）

Tony Blair 布萊爾（英國首相）

Bashar al-Asssad 阿薩德（敘利亞總統）

Thabo Kbeki 姆貝基（南非總統）

Atal Bihari Vajpayee 瓦傑帕伊（印度總理）

Megawati Sukarnoputri 美嘉瓦蒂（印尼總統）

Kim Jone-II 金正日（北韓領導）

Kim Dae-Jung 金大中（南韓總統）

Hu Jin-tao 胡錦濤（中共總理）

Yasser Arafat 阿拉法特（巴解領袖）

Emile Lahoud 拉胡德（黎巴嫩總統）

Luiz Inacio de Silva 魯拉達希瓦（巴西總統）

Hugo Chavez 查偉斯（委內瑞拉總統）

Alvaro Uribe Velez 烏利貝（哥倫比亞總統）

✦ 新聞人物 ✦

Nicole Kidman 妮克基嫚（美國影星）

Jacky Chan 成龍（香港影星）

Mariah Carey 瑪麗亞凱莉（美國流行音樂歌星）

Madonna 瑪丹娜（美國流行音樂歌星）

Michael Jackson 麥可傑克森（美國流行音樂歌星）

George Michael 喬治邁可（英國流行音樂歌星）

Elton John 艾爾頓強（美國流行音樂歌星）

Kevin Costner 凱文柯斯納（美國影星）

Tom Cruise 湯姆克魯斯（美國影星）

Brad Pitt 布萊德彼特（美國影星）

Russel Crow 羅素克洛（美國影星）

Sean Connery 史恩康納萊（美國影星）

Woody Allen 伍迪艾倫（美國導演）

David Beckham 大衛貝克漢（英國足球明星）

Leonardo DiCaprio 李奧納多迪卡皮歐（美國影星）

Jennifer Lopez 珍妮佛羅培茲（美國歌手）

Renee Zellweger 芮妮齊薇格（美國影星）

Anegelina Jolie 安潔莉娜裘莉（美國影星）

Marlon Brando 馬龍白蘭度（美國影星）

Christina Aquilera 克里斯汀娜阿吉芮拉（美國歌星）

Britney Spears 布蘭妮史皮爾斯（美國歌星）

Gregory Peck 葛雷哥萊畢克（美國影星）

Will Smith 威爾史密斯（美國影星）

Julia Roberts 茱莉亞羅勃茲（美國影星）

Hugh Grant 修葛蘭（英國影星）

全世界名人、偉人、藝術家英文名字一覽表

✦名人與偉人✦

Charles Robert Darwin 達爾文（十九世紀，英國人，創進化論）

René Descartes 笛卡爾（十七世紀，法國數學家及哲學家）

Christopher Columbus 哥倫布（十五世紀，義大利航海家，發現美洲大陸）

Capt. James Cook 科克（十八世紀，英國航海探險家）

Nicolaus Copernicus 哥白尼（十六世紀，波蘭天文學家，近代天文學的創始者）

Gaius Julius Caesar 凱撒（西元前，羅馬將軍、政治家及作家）

John Calvin 喀爾文（十六世紀，法國宗教改革者）

Augustus 奧古斯都（西元前，羅馬的第一任皇帝）

Alexander the Great 亞歷山大大帝（西元前，馬其頓國王）

Aristotle 亞里斯多德（西元前，希臘哲學家）

Marcus Antonius 安東尼（西元前，羅馬的將軍及三執政之一）

Auguste Comte 孔德（十九世紀，法國哲學家及數學家）

Oliver Cromwell 克倫威爾（十七世紀，英國政治家、將軍）

George Dewey 杜威（二十世紀，美國教育家及哲學家）

Walter Elias Disney 華德・狄斯耐（二十世紀，美國卡通電影家）

Albert Einstein 愛因斯坦（二十世紀，美國德裔物理學家,提出相對論）

Henry Ford 福特（二十世紀，美國的著名汽車製造者）

Francisco Franco 佛朗哥（二十世紀，西班牙元首之一）

Benjamin Franklin 富蘭克林（十八世紀，美國的政治家及哲學家）

Sigmund Freud 佛洛伊德（二十世紀，奧國精神病學家,創精神分析）

Galileo Galilei 伽俐略（十七世紀，義大利天文學家及物理學家）

Gautama Buddha 釋伽牟尼（西元前，佛教創始者）

Napoleon Bonaparte 拿破崙一世（十九世紀，法國皇帝）

Adolf Hitler 希特勒（二十世紀，德國納粹黨魁）

Saint Joan of Arc 聖女貞德（十五世紀，法國女英雄）

~~~~~~~~~~~~~~~~~~~~~~~~~

Immanuel Kant 康德（十九世紀，德國哲學家）

Helen Adams Keller 海倫・凱勒（二十世紀，美國盲啞女敎師）

Marco Polo 馬可・孛羅（十四世紀，義大利旅行家）

Karl Marx 馬克斯（十九世紀，德國政治哲學家、經濟學家及社會主
義者）

Ferdinand Magellan 麥哲倫（十六世紀，葡萄牙航海家）

~~~~~~~~~~~~~~~~~~~~~~~~~

Moha.nmed 穆罕默德（七世紀，回敎創始者）

Montesquien, de 孟德斯鳩（十八世紀，法國政治哲學家）

Florence Nightingale 南丁格爾（十九世紀，近代護理制度創始人）

Sir Isaac Newton 牛頓（十八世紀，英國科學家）

Alfred Bernhard Nobel 諾貝爾（十九世紀，創設諾貝爾獎者）

~~~~~~~~~~~~~~~~~~~~~~~~~

Thomas Alva Edison 愛迪生（二十世紀，美國發明家）

Plato 柏拉圖（西元前，希臘哲學家）

Joseph Pulitzer 普立茲（十九世紀，著名的美國報人）

Pythagoras 畢達哥拉斯（西元前，希臘數學家及哲學家）

Marie Curie 居禮夫人（二十世紀，法籍波蘭科學家）

Jean Jacques Rousseau 盧梭（十六世紀，生於瑞士的法國哲學家）
Albert Schweitzer 史懷哲（二十世紀，法國醫生）
Socrates 蘇格拉底（西元前，希臘哲學家）
George Stephenson 史蒂芬生（十九世紀，英國發明家，發明火車頭）
Arnold Joseph Toynbee 湯恩比（十九世紀，英國歷史家）

James Watt 瓦特（十八世紀，蘇格蘭發明家）
Euclid 歐幾里德（西元前，希臘幾何學家，幾何學之父）
Yao 堯（西元前，中國上古時代的帝王）
Mencius 孟子（西元前，中國儒家哲學的代表人物之一）
Confucius 孔子（西元前，中國儒家哲學的代表人物之一）

Chuang-tzu 莊子（西元前，中國哲學家）
Chu Hsi 朱熹（十二世紀，中國宋朝的理學家）
Neil Alden Armstrong 阿姆斯壯（二十世紀，美國第一位登月的太空人）
Archimedes 阿基米德（西元前，希臘數學家）
Friedrich Nietzsche 尼采（十九世紀，德國哲學家）

Jean Paul Sartre 沙特（二十世紀，法國哲學家）
Arthur Schopenhauer 叔本華（十九世紀，德國哲學家）
Immanuel Kant 康德（十八世紀，德國哲學家）
Georg Wilhelm Friedrich Hegel 黑格爾（十九世紀，德國哲學家）

✦ 藝術家 ✦

Johann Sebastian Bach 巴哈（十八世紀，德國作曲家）

Ludwig van Beethoven 貝多芬（十九世紀，德國作曲家）

Frédéric Francois Chopin 蕭邦（十九世紀，波蘭作曲家）

Wolfgang Amadeus Mozart 莫札特（十八世紀，奧國作曲家）

Peter Ilyich Tschaikovsky 柴可夫斯基（十九世紀，俄國作曲家）

〰〰〰〰〰〰〰〰〰〰〰〰〰〰〰〰〰〰〰〰

Camille Saint-Saèns 聖桑（二十世紀，法國作曲家）

Richard Wagner 華格納（十九世紀，德國作曲家）

Franz Schubert 舒伯特（十九世紀，奧國作曲家）

Robert Schumann 舒曼（十九世紀，德國作曲家）

Franz Liszt 李斯特（十九世紀，匈牙利作曲家）

〰〰〰〰〰〰〰〰〰〰〰〰〰〰〰〰〰〰〰〰

J. Philippe Ramoau 拉謨（十七世紀，法國作曲家）

Franz Joseph Haydn 海頓（十八世紀，奧國作曲家）

George Frederick Handel 韓德爾（十八世紀，英籍德人作曲家）

Ma Yu-yu 馬友友（二十世紀，中華民國大提琴家）

Jean Francois Millet 米勒（十九世紀，法國畫家）

〰〰〰〰〰〰〰〰〰〰〰〰〰〰〰〰〰〰〰〰

Paul Gauguin 高更（十九世紀，法國畫家）

Pablo Picasso 畢卡索（二十世紀，西班牙畫家）

Vincent Van Gogh 梵谷（十九世紀，荷蘭畫家）

Leonardo da Vinci 達・文西（十五世紀，義大利畫家）

Paul Cezanne 塞尚（十九世紀，法國畫家）

Michelangelo 米開蘭基羅（十六世紀，義大利雕刻家）

Chu Ming 朱銘（二十世紀，中國雕刻家）

Auguste Rodin 羅丹（十九世紀，法國雕刻家）

Isadora Duncan 鄧肯（二十世紀，美國舞蹈家）

✦ 作　家 ✦

William Shakespeare 莎士比亞（十六世紀，英國作家）

Alighieri Dante 但丁（十四世紀，義大利詩人）

Jean Baptiste Racine 拉辛（十七世紀，法國劇作家）

Edgar Allan Poe 愛倫‧坡（十九世紀，美國作家）

Moliére 莫里哀（法國劇作家）

Victor Marie Hugo 雨果（十九世紀，法國作家）

Henrik Ibsen 易卜生（十八世紀，挪威作家）

Ernest Hemingway 海明威（二十世紀，美國小說家）

John Millon 密爾頓（十七世紀，英國詩人）

Matthew Arnold 阿諾德（十九世紀，英國詩人）

Oscar Wilde 王爾德（十九世紀，英國戲劇家）

George Bernard Shaw 蕭伯納（二十世紀，英國作家）

John Steinbeck 史坦貝克（二十世紀，美國小說家）

Eugene O'Neill 歐尼爾（二十世紀，美國劇作家）

William Butler Yeats 葉慈（二十世紀，愛爾蘭作家）

Arthur Miller 米勒（二十世紀，美國劇作家）

Edward Albee 愛爾比（二十世紀，美國劇作家）

Leo Tolstoy 托爾斯泰（十九世紀，俄國作家）

Émile Zola 左拉（十九世紀，法國小說家）

Virginia Woolf 吳爾芙（二十世紀，英國女作家）

William Wordsworth 華茨華斯（十九世紀，英國詩人）

Mark Twain 馬克‧吐溫（十九世紀，美國小說家）

Alfred Tennyson 但尼生（十九世紀，英國詩人）

Sir Rabindranath Tagore 泰戈爾（二十世紀，印度詩人）

Anton Chekhov 契可夫（十九世紀，俄國作家）

Maxim Gorki 高爾基（二十世紀，俄國作家）

August Strindberg 斯特林堡（十九世紀，瑞典劇作家）

Franz Kafka 卡夫卡（二十世紀，德國作家）

Henry James 詹姆士（二十世紀，美國小說家）

Goethe 哥德（十九世紀，德國作家）

André Gide 紀德（二十世紀，法國作家）

William Faulkner 佛克納（二十世紀，美國小說家）

Ralph Waldo Emerson 愛默生（十九世紀，美國作家）

Fëdor Mikhailovich Dostoevski 杜斯妥也夫斯基（俄國小說家）

Charles Dickens 狄更斯（十九世紀，英國小說家）

Geoffrey Chaucer 喬塞（十四世紀，英國詩人）

William Somerset Maugham 毛姆（二十世紀，英國作家）

Maupassant 莫泊桑（十九世紀，法國小說家）

David Herbert Lawrence 勞倫斯（二十世紀，英國小說家）

James Joyce 喬埃斯（二十世紀，愛爾蘭小說家）

Yasunari Kawabata 川端康成（二十世紀，日本小說家）

John Keats 濟慈（十九世紀，英國詩人）

Thomas Hardy 哈代（二十世紀，英國作家）

Cervantes Saavedra, de 塞凡蒂斯（十六世紀，西班牙小說家）

Honoré Balzac, de 巴爾札克（十九世紀，法國小說家）

Albert Camus 卡謬（二十世紀，法國作家）

Nathaniel Hawthorne 霍桑（十九世紀，美國作家）

Marcel Proust 普魯斯特（二十世紀，法國小說家）

Pierre Corneille 柯奈（十七世紀，法國劇作家）

T.S. Eliot 艾略特（二十世紀，英國詩人）

Ryūnosuke-Akutagawa 芥川龍之介（二十世紀，日本小說家）

Joseph Conrad 康拉德（二十世紀，英國小說家）

Thomas Mann 湯瑪士・曼（二十世紀，德國小說家）

附 錄 1 美國各州州名來源

◉ **Alabama** （ 阿拉巴馬州 ）

在此州中央，住著印第安的部族 Alibamu ，故稱之。

◉ **Alaska** （ 阿拉斯加州 ）

是從阿留申土著的話語 alaschka 而來的，指 *mainland* （ 本土 ）的意思。

◉ **Arizona** （ 亞利桑那州 ）

從 Pima 印第安語中 *arishoonak* （ 小泉之地 ）而來的。西班牙人稱之為 Arizonac 。後來變成 Arizona 。

◉ **Arkansas** （ 阿肯色州 ）

出自印第安部族名稱 *Arkansaw* 。原先在這一帶探險以**法國的耶穌會人士**為多，因為法國人多，所以就被錯誤地加上 *S* 。

◉ **California** （ 加利福尼亞州 ）

是十六世紀初西班牙的探險家所取的名稱，出自 *Garcia Ordoñez de Montalvo* 的小說。Montalvo 是十五世紀西班牙的作家，在他的小說 Las Sergas de Esplandian （ 「**耶斯布蘭第亞的偉大事業**」）中曾寫著：「在印度之西，伊甸園之東，有一個**女人島**叫 California，由 Queen Calafia 所統治著。」所以人們在想，或許是當初到此地探險的西班牙探險家 *Cortez* 和 *Cabrill* 讀過此書，而命名 California 的。現在，California 不僅是指州名，也是指「**從墨西哥到美國一帶的太平洋沿岸**」。

◉ **Carolina** 〔North and South〕（ 卡羅來納州〔 南和北 〕）

Charolina 是 *Charles* 的法國名字。出自法國的 Charles 九世和英格蘭的 Charles 一世、二世。

◉ **Colorado** （ 科羅拉多州 ）

在西班牙語中指「**紅的**」，因為 Colorado 河本來流著紅色的河水。

⚫ **Connecticut** （ 康乃狄克州 ）

此名源於 Connecticut 河。而 Connecticut 這個字就是 Algonquin 印第安話的 *kw-enihtekot* （ 長河 ）。

⚫ **Dakota** 〔North and South〕（ 達科塔州〔南和北〕）

Sioux 。在印第安語中是**朋友**或**同盟者**的意思。

⚫ **Delaware** （ 德拉瓦州 ）

Captain Samuel Argall 在 1610 年到此探險之後，用支持他探險的貴族 *Lord De La Warr* 爲名。

⚫ **Florida** （ 佛羅里達州 ）

是西班牙語，指 " *flowered* "（ **花開了** ）" *flowery* "（ **多花的** ）的意思。另外，也有說是因爲在復活節發現的。而西班牙語的復活節就是 Pascua florida ，故稱之。

⚫ **Georgia** （ 喬治亞州 ）

1732 年英格蘭王 George 2 世特准殖民，故稱之。

⚫ **Hawaii** （ 夏威夷州 ）

是波里尼西亞語，指 *homeland* （ **故鄉** ）。*hawa* 是「**住的地方**」，*ii* 是「**小的**」或「**新的**」。Hawaii 原是 Captain James Cook 所發現的，取英國海軍大將 Earl of Sandwich 的名字爲名，叫做 Sandwich Islands 。但常常還是以 Hawaii 來稱呼。

⚫ **Idaho** （ 愛達荷州 ）

在 Shoshonean 印第安語中是「鮭魚族」，或「吃鮭魚的人」的意思。因爲在**這一帶有很多的鮭魚**。

⚫ **Illinois** （ 伊利諾州 ）

在 Algonquin 印第安語中指「人」或「士兵」。

⚫ **Indiana** （ 印第安納州 ）

爲了向生在這地方上的印第安人**表示敬意**，而命名爲 Indiana 。

⚫ **Iowa** （ 愛荷華州 ）

是印第安部族的名稱，意指「哄人入睡的人」。有人認爲這字是

Quaouiatonon ，後縮寫爲Quaouia ，再簡寫爲 Iowa 。而最開始是個河流的名稱。

▲ **Kansas** （ 堪薩斯州 ）

印第安的部族名稱。

▲ **Kentucky** （ 肯塔基州 ）

在 Iroquois 印第安語中是指「**牧草地**」。

▲ **Louisiana** （ 路易士安那州 ）

1682 年法國探險家 Robert de La Salle 將這一帶以法王 Louis 12 爲名，取名 Louisiane 。

▲ **Maine** （ 緬因州 ）

初期的探險家，爲把***New England*** 這一帶和島嶼部分有所區別，稱之***mainland***（ 本土 ），**法語就是** maine 。

▲ **Maryland** （ 馬里蘭州 ）

取自 Charles 一世的太太 Henrietta Maria 之名。

▲ **Massachusetts** （ 麻薩諸塞州 ）

Algonquin 印第安語中，是「廣濶的山丘」（ mes-atsu-s-et ）。

▲ **Michigan** （ 密西根州 ）

Chippewa 印第安語中，是「大的湖泊」（ majiigan ）之意。

▲ **Minnesota** （ 明尼蘇達州 ）

在 Sioux 印第安的話語中是「混濁的水」（ mnishota ）之意。本來是個河流名稱。

▲ **Mississippi** （ 密西西比州 ）

在 Chippewa 印第安語中，是「大的河川」（ mici-zibi ）之意。

▲ **Missouri** （ 密蘇里州 ）

Algonquin 部族中一族的族名。

▲ **Montana** （ 蒙大拿州 ）

西班牙語，「多山」的意思。

▲ **Nebraska** （ 內布拉斯加州 ）

Sioux 印第安語，是「寬又平穩的河流」之意。

◉ **Nevada**（ 內華達州 ）

西班牙語，是「積雪」的意思。當時西班牙探險家**看到積雪的山脈**，便稱 Sierra Nevada 。

◉ **New Hampshire**（ 新罕布夏州 ）

是由出生於英格蘭 Hampshire 的 John Mason 這個人命名的 。

◉ **New Jersey**（ 紐澤西州 ）

由出生於 Jersey 島的 Sir George Carteret 這個人所命名的 。

◉ **New Mexico**（ 新墨西哥州 ）

1591 年左右，*Rio Grande* 一帶，被稱爲 Nuevo Méjico ，西班牙的探險家們希望這地方也**能像*Mexico* 一樣豐裕富庶**，所以取名叫 New Mexico 。

◉ **New York**（ 紐約州 ）

這一帶本是荷蘭的殖民地，稱爲 Nieu Nederlandt （ New Nether-land ），首都是 New Amsterdam 。後來 ， 1664 年時 ，由 Charles 二世的弟弟 Duke of York 所佔領，就改名爲*New York* 。

◉ **Ohio**（ 俄亥俄州 ）

Iroquois 印第安語中，是「美麗的河流」（ ohiiyo ）之意。從河名變成州名。

◉ **Oklahoma**（ 奧克拉荷馬州 ）

Choctow 印第安語中，指「紅人」（ oklahoma ）。

◉ **Oregon**（ 俄勒岡州 ）

在十八世紀的地圖中 ， Nisconsin 可是被記爲*Ouariconsint* ，但是，因爲 Sint 這幾個字當時寫在下一行 ，所以 ，大家就**只誤唸前面部分**。這個名字是從河川名改變成州名的 。

◉ **Pennsylvania**（ 賓夕法尼亞州 ）

出自*William Penn*（ 殖民地的政治家 ），是 Penn's woods （ 賓的森林 ）的意思 。

◉ **Rhode Island**（ 羅德島州 ）

傳說十五世紀義大利的探險家 Giovanni da Verrazzano 說：「這裡和羅得斯島（ 希臘島嶼 ）差不多一樣大 。」；另一種說法是，十七世紀初荷蘭的船長看到海岸是紅土，便稱之 Roodt Eylandt（ Red Island ）。

◉ **Tennessee**（ 田納西州 ）

是 Cherokee 印第安的村名，最早是河流名稱 。

◉ **Texas**（ 德克薩斯州 ）

Caddo 印第安把和自己有友好關係的部族，稱之為 *teysha*（ **友人** ）。西班牙人把這一帶的印第安部族，都稱為 *Texas* **印第安** 。

◉ **Utah**（ 猶他州 ）

印第安的部族 。

◉ **Vermont**（ 佛蒙特州 ）

從法語的「青山」（ verts monts ）而來的 。

◉ **Virginia**（ **West Virginia** ）（ 維吉尼亞州 ）

由於 *Elizabeth* **一世**又稱為 Virgin Queen 而得名 。

◉ **Washington**（ 華盛頓州 ）

取自美國第一任總統 George Washington 。而在 1792 年英國船員為此地命名時，是以**英格蘭王** *George* **三世**的名字為名，稱為 New Georgia 。

◉ **Wisconsin**（ 威斯康辛州 ）

在 Chippewa 印第安語中，是指「 水的聚集處 」（ meskousing ）的意思 。

◉ **Wyoming**（ 懷俄明州 ）

Algonquin 印第安語，是指「 寬廣的土地 」（ mecheweamiing ）。

附錄 2 英文名字的趣味

✦ 美國政治家的綽號與暱稱 ✦

所謂政治「舞台」，可見政治人物之於這個社會，除了實現他們的政治抱負或政治野心之外，在另外一方面，他們無疑也是曝光率十足的「公眾人物」。

很多政治家都有綽號或暱稱，當然，這些稱呼往往也代表他們**在民眾心目中的印象**。

林肯（Abraham Lincoln，美國第十六任總統，任期 1961～65）很受歡迎，美國人總是親暱地叫他 *Abe*。而艾森豪（Dwight David Eisenhower，美國第三十四任總統，任期 1953～61）的暱稱是 *Ike*，競選之時曾喊出 " **I like Ike.** "的口號，好唸又好記，在當年的美國還轟動一時呢，的確是個很不錯的**廣告創意**。

美國前總統卡特的本名是 James Earl Carter，暱稱 *Jimmy*，他有時連在正式文件上也直接簽上 *Jimmy Carter*（吉米・卡特）這個暱稱。而尼克森總統（*Richard Milhous Nixon*）則很不幸，得了一個不佳的綽號 *Tricky Dick*（奸詐的狄克）。

✦ 軍艦的名字 ✦

Midway	美國中途島號柴油動力航空母艦
Enterprise	美國勇往號核子動力航空母艦
D-Ⅱ / Ⅲ class	蘇俄D級Ⅱ、Ⅲ型潛水艦
Kiev	蘇俄基輔級柴油動力航空母艦
California	美國加利福尼亞級巡洋艦

Trident class submarine 美國三叉戟級潛水艦
Ohio class submarine 美國俄亥俄級潛水艦
Y- class 蘇俄Y級潛水艦
Kitty Hawk 美國小鷹號核子動力航空母艦

✦ 鷄尾酒的名字 ✦

Bloody Mary 血腥瑪麗 　　Gimlet 杜松子檸檬酒
Martini (B&B) 馬丁尼 　　Around the World 環遊世界
Singapore Sling〔S.S.〕新加坡杜松子檸檬白蘭地
Screw Driver 螺絲起子 　　Pink Lady 粉紅派對
Gin Fizz 杜松子汽水酒 　　Mint Julep 敏裘力浦

✦ 化粧品、香水的名字 ✦

CHANEL 香奈兒 　　　　　Christian Dior 克麗絲汀・迪奧
CLINIQUE 倩碧 　　　　　LANCOME 蘭寇
GUERLAIN 嬌蘭 　　　　　Shu uemura 植村秀
LAN CASTER 蘭・卡斯特 　Stendhal 姿丹妮
ORLANE 歐蘭 　　　　　　YSL 聖羅蘭
REVLON 露華濃 　　　　　SONIA RYKIEL 桑尼亞・瑞卡
SHISEIDO 資生堂 　　　　MAX FACTOR 蜜斯佛陀
Kanebo 佳麗寶 　　　　　cacharel
Kiss Me 奇士美 　　　　　Kose 高絲
GIORGIO ARMANI 雅曼尼
ELIZABETH ARDEN 伊莉莎白・雅頓
RALPH LAUREN
Guy Laroche 姬龍雪
aramis 愛拉蜜
KENZO

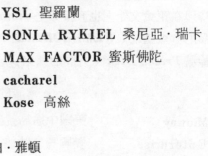

Editorial Staff

● 企劃・編著／黃玉真
● 校訂／
　葉淑霞・卓美玲・張紫蘭・謝靜慧
　林玉榕・陳威如・武藍惠・陳綺敏
　林　婷
● 校閱／
　John C. Didier・John H. Voelker
　Edward C. Yulo・Kenyon T. Cotton
● 封面設計／唐　旻
● 版面設計／張鳳儀
● 版面構成／
　謝淑敏・林燕茹・黃新家・張鳳儀
● 打字／
　黃淑貞・倪秀梅・蘇淑玲・廖素琴
　吳秋香・洪桂美
● 校對／
　王慶銘・張淑凌・王純純・王燕燕
　賴心如・張瀞文・葉美利・林韶慧
　呂文慧・陳淑靜・黃宗英

||||||||||||||● 學習出版公司門市部 ●||||||||||||||||

台北地區：台北市許昌街 10 號 2 樓　TEL：(02)2331-4060・2331-9209
台中地區：台中市綠川東街 32 號 8 樓 23 室
　　　　　TEL：(04)2223-2838

|||||||||||||||||||||||||||||||||||||||||||||||

洋名洋名任你選

編　　著 / 黃玉眞
發 行 所 / 學習出版有限公司　　　　☎ (02) 2704-5525
郵 撥 帳 號 / 0512727-2 學習出版社帳戶
登 記 證 / 局版台業 2179 號
印 刷 所 / 裕強彩色印刷有限公司
台 北 門 市 / 台北市許昌街 10 號 2 F　　☎ (02) 2331-4060・2331-9209
台 中 門 市 / 台中市綠川東街 32 號 8 F 23 室　　☎ (04) 2223-2838
台灣總經銷 / 紅螞蟻圖書有限公司　　☎ (02) 2795-3656
美國總經銷 / Evergreen Book Store　　☎ (818) 2813622
本公司網址　www.learnbook.com.tw
電 子 郵 件　learnbook@learnbook.com.tw

售價：新台幣一百五十元正
2006 年 7 月 1 日一版九刷

ISBN 957-519-040-8